Hovawart

Ernährung, Erziehung, Charakter, Training und vieles mehr über den Hovawart

Roland Berger

Mein Hund fürs Leben Ratgeber-Serie

Inhalt

EINFÜHRENDES 5

DER HOVAWART – RASSEPORTRÄT 7

HOVAWART – DIE HISTORIE 7
ÄUSSERES ERSCHEINUNGSBILD 9
DER CHARAKTER 10
DER SENSIBLE SPORTLER 11
GEBRAUCHSHUND GLEICH FAMILIENHUND? 12
DIE AUFGABEN EINES GEBRAUCHSHUNDES 13

DIE ANSCHAFFUNG EINES WELPEN 16

EINEN SERIÖSEN ZÜCHTER FINDEN 16
HÄUFIGE FEHLER BEIM WELPENKAUF 17
FCI UND VDH 19

DER UMZUG IN EIN NEUES LEBEN 21

WELCHES ZUBEHÖR FÜR DEN WELPEN? 21
ZU HAUSE 21
DRAUßEN 22
FUTTER 22
PFLEGE 23
NOTFÄLLE 23
RECHTLICHES 23
NÜTZLICHES 24
DER GROSSE TAG 25

DIE ERNÄHRUNG **28**

ERNÄHRUNG **28**
TROCKENFUTTER ODER NASSFUTTER? 32
SELBSTGEKOCHTES ESSEN 34
TROCKENFUTTER ODER NASSFUTTER? 34
FLEISCH, FISCH ODER VEGAN? 39
TROCKENFUTTER **52**
NASSFUTTER **53**
FAZIT TROCKENFUTTER VS. NASSFUTTER **53**
BARF **54**
VEGETARISCHE / VEGANE ERNÄHRUNG **56**
WAS DER HUND NICHT FRESSEN DARF **57**
LECKERLIS – ABER BITTE MIT BEDACHT **57**

DIE ERZIEHUNG UND DAS TRAINING DES HUNDES **58**

DAS RESPEKTTRAINING **59**
RESPEKTLOSIGKEIT GEGENÜBER ANDEREN HUNDEN 65
DISZIPLINLOSIGKEIT, BELLEN & AGGRESSIVES VERHALTEN 68
STUBENREINHEIT IN WELPEN UND HUNDEN **72**
DIE ALLGEMEINE TRAININGSAUSRÜSTUNG **74**
HALSBAND ODER BRUSTGESCHIRR? **76**
DIE WAHL DER RICHTIGEN LEINE **78**
ZIEHEN AN DER LEINE 83
BELOHNUNGEN UND LECKERLIS **85**
DIE GESTIK UND MIMIK DES WELPEN **86**
DIE ANLEITUNG ZUM APPORTIEREN **89**
DIE ERSTEN KOMMANDOS – „SITZ!“, „PLATZ!“, „AUS!“ **93**
SO ÜBEN SIE „SITZ“ 99
PLATZ 101
APPORTIEREN 104

Disziplinlosigkeit 105
Übermäßiges Bellen 107
Angst vor der Autofahrt 110
Sturheit 113

Die Haltung eines Gebrauchshundes 115

Der Hovawart – Ein Gebrauchshund **116**
...auch ein Familienhund? **116**
...oder für Anfänger? **117**

Die Pflege 118

11. Tipps zur Anschaffung 138
Pflegeroutinen entwickeln **139**
Haut- und Fellpflege **140**
Augenpflege **140**
Ohrenpflege **141**
Zahnpflege **142**
Pfotenpflege **143**
Das Krallenschneiden **143**

Der gesunde Hund 144

Befall mit Parasiten **144**
Würmer 144
Flöhe 146
Zecken 148
Milben 149
Magen- und Darmerkrankungen **150**
Durchfall 150
Erbrechen 152

Vergiftung 153
Typische Krankheiten eines Hovawarts **154**
Gesundheitsvorsorge **161**
Impfungen 162
Kastration/Sterilisation 165
Hausapotheke 168

Die Erziehung eines Gebrauchshundes 171

Grundkommandos **174**
Die Positive Verstärkung **179**
Dominanz und Strafen **180**
Die Sozialisierung **181**
Beschäftigung für einen Gebrauchshund **183**
Spiele für den Hovawart 184
Weiterführendes Training **186**
Wie wird der Hund stubenrein? 186
Erziehungsprobleme **188**
Rüpelhaftes Benehmen 188
Hilfe – Der Hund macht alles kaputt 191

Vertrauen und Bindung 193

Schlusswort 195

Quellen 196

Über diese Reihe: Mein Hund fürs Leben **200**

Einführendes

Der Hovawart – ein ausgesprochener Schönling unter den Hunderassen. Einst als Hofhund gezüchtet, ist er heute als Familienhund äußerst beliebt. Ob blond, ob schwarz, diese Rasse besticht durch seine wahre Schönheit. Ein Anfängerhund ist er aber nicht unbedingt, denn er braucht einen selbstbewussten und erfahrenen Halter an seiner Seite. Zu seiner menschlichen Familie wird er eine starke Bindung aufbauen, denn der Hovawart ist ein sehr sozialer und geselliger Hund. Er liebt die Gesellschaft seines Rudels über alles. Der Hovawart braucht viel Platz, am besten einen großen Garten, den er bewachen darf. Für eine kleine Stadtwohnung ist er nicht geeignet. Ebenso wenig fühlt er sich in einem Zwinger wohl, denn diese Rasse braucht ihren Freilauf. Haben Sie Interesse an einem Hovawart entwickelt und glauben, den richtigen Hund gefunden zu haben? Lesen Sie weiter und Sie erfahren noch viel mehr über diese wirklich schöne Rasse.

Der Hovawart – Rasseporträt

Wie der Rassename schon erahnen lässt, handelt es sich bei dem Hovawart um einen „Hofwächter“. In der mitteldeutschen Sprache steht der Begriff „hova“ für Hof, während „wart“ einen Wächter betitelt. Diese Rassebezeichnung kam aufgrund seiner Eigenschaften zustande. Diese besitzt der Hovawart heute noch und ist deshalb ein ausgezeichneter Wachhund. Er ist aber in keinster Weise aggressiv und kann auch als Familienhund gute Dienste leisten.

HOVAWART - DIE HISTORIE

Diese Rasse an sich ist noch relativ jung. Die Züchtung begann offiziell erst im Jahre 1922. Jedoch gab es auch weit vor dieser Zeit schon die Hovawarte.

Früher hießen sie „hovewarts“, was so viel wie „Wächter des Hofs und der Habe“ bedeutet. Schon im 13. Jahrhundert fand der Hovawart in einem Gesetz Erwähnung, welches da hieß: „Ein Hund heißt hovewart, der jemandes Häuser und Höfe Tag und Nacht hütet ...“ (Zitat aus „Ursprung & Geschichte des Hovawart“ in www.hovawart.org). Der Diebstahl eines solchen Hundes wurde mit 10 Gulden Strafe geahndet und es musste ein gleichwertiger Ersatz erfolgen. Eine Beschreibung dieser Hunde, die vor einigen hundert Jahren die Höfe bewachten, ist recht einheitlich gehalten, jedoch ist nicht überliefert, wie diese Rasse tatsächlich ausgesehen hat. Es wäre aber denkbar, dass schon eine große Ähnlichkeit zu dem heutigen Hovawart vorhanden war. Es existiert ein Gemälde aus dem Jahr 1869, welches einen Hund mit sehr ähnlichem Aussehen eines heutigen

Hovawarts zeigt. Weiterhin ist der Nachwuchs dieser Hündin abgebildet, der sogar die Farbschläge des heutigen Rassestandards zeigt.

Eine gezielte Zucht hat aber erst im Jahre 1922 begonnen. Es wurde der „Hovawart-Verein für Deutsche Schutzhunde e. V." gegründet, der sich die Erhaltung und Rekonstruktion eines mittelalterlichen Hofhundes zum Ziel setzte. Um dieses Vorhaben umzusetzen, wurden im Harz und im Odenwald rassetypische Hunde gefunden und ausgewählt, von denen man überzeugt war, dass sie diesem Standard entsprechen werden.

In diesem Jahr wurde natürlich auch das Zuchtbuch des Hovawarts erstellt. Hier ist als erster Wurf der Nachwuchs eines Züchters verzeichnet, der sich bis dahin schon einen großen Namen gemacht hat: Curt König. Der Wurf umfasste vier Welpen und wird als der offizielle Anfang der Hovawart-Zucht bezeichnet.

Diese ersten Zuchthunde wurden mit Neufundländern, Kuvasz-Hirtenhunden und Schäferhunden gekreuzt. Später wurden Hunde „hineingezüchtet", die einen Anteil des Leonbergers in sich trugen. Der Durchbruch geschah wohl im Jahre 1932, denn in einem Wurf aus diesem Jahr war ein schwarzmarkenfarbener Rüde mit dem Namen „Castor" hervorgegangen. Dieser wurde zum Vorzeigeexemplar der Hovawart-Zucht und mit ihm wurde systematisch weiter gezüchtet. Nach vielen Versuchen und Bemühungen entstand schließlich die Rasse des heutigen Hovawarts. Sie wurde 1937 während der „Grünen Woche des Reichsnährstandes" offiziell anerkannt.

Als der Zweite Weltkrieg zu Ende ging, gab es nur noch wenige Zuchthunde und der damalige Zuchtverein wurde aufgelöst. Einige wenige Züchter führten die Zucht jedoch fort, ohne Hilfe eines anerkannten Zuchtvereines. Es bildeten sich nach und nach verschiedene Landesgruppen, die allerdings auch unterschiedliche Rassetypen hervorbrachten. Jedoch würde es den heutigen Hovawart ohne diese mutigen Züchter, die keine Mühe gescheut haben, nicht mehr geben.

Erst im Jahre 1948 wurde der „Rassezuchtverein für Hovawart-Hunde e. V." gegründet, in dem sich die verschiedenen Landesgruppen zusammenschlossen. Dieser Rassezuchtverein ist nun Mitglied im VDH.

ÄUSSERES ERSCHEINUNGSBILD

Der Hovawart zeichnet sich durch eine mittelgroße Statur aus. Der Körperbau wirkt etwas überlang, der Kopf dagegen recht kräftig ausgebaut. Die Damen tragen allerdings ein deutlich schlankeres Haupt auf dem Hals. Die Schlappohren haben die Form eines Dreiecks.

Ein Hovawartrüde kann bis zu 44 kg Körpergewicht erreichen, während die Hündin auf etwa 30 kg kommt. Auch in der Größe unterscheiden sich die Geschlechter erheblich: der Rüde kann bis zu 70 cm erreichen, während die Hündin bei etwa 65 cm aufhört, zu wachsen.

Im Rassestandard sind drei Farbschläge verzeichnet. Der Hovawart wird in der Farbe Schwarz gezüchtet. Hier dürfen kleine weiße Abzeichen an der Brust und den Zehen sowie an der Schwanzspitze vorhanden sein.

Weiterhin gibt es diese Rasse in blonder Farbe. Auch hier sind kleine weiße Abzeichen wie bei der schwarzen Variante erlaubt.

Außerdem wird der Hovawart im Farbschlag Schwarzmarken gezüchtet. Hier ist die Grundfarbe Schwarz, jedoch mit blonden Abzeichen durchsetzt. Diese müssen sich ganz klar von der Grundfarbe abgrenzen. Jedoch dürfen diese Abzeichen nicht irgendwo im Fell auftreten, sondern nur an ganz bestimmten Stellen. Diese Markierungen beginnen am Kopf unter dem Nasenrücken und gehen um die Lefzen bis zum Hals. Über den Augen befinden sich blonde Punkte im Fell, die an Augenbrauen erinnern. An den Vorder- und Hinterbeinen des Hovawarts finden sich ebenfalls blonde Abzeichen. Diese reichen bis zur Bauchdecke.

Besonders die Fellbeschaffenheit macht den Hovawart so schön, weshalb er sich immer größerer Beliebtheit erfreut, denn sein Fell ist lang und wellig.

DER CHARAKTER

Dem Hovawart ist das Bewachen von Haus und Hof angeboren. Deshalb ist er mit einem sehr ausgeprägten Schutztrieb ausgestattet. Um dieser Aufgabe gerecht zu werden, besitzt er weiterhin eine große Selbstsicherheit. Diesen rassebedingten Eigenschaften müssen Sie als Halter entgegentreten können, um ihn händeln zu können.

Diese Rasse ist aber keinesfalls aggressiv, sondern eher ein sehr liebevoller Geselle. Fremden Personen tritt der Hovawart mit einem gesunden Misstrauen gegenüber, welches er seinem ausgeprägten Beschützerinstinkt verdankt. Er bewacht zwar sein Revier äußerst gut, ist aber dennoch ausgeglichen und von einer großen Nervenstärke geprägt. So leicht bringt ihn nichts aus der Ruhe.

Jedoch könnten Sie als Rudelführer etlichen Versuchen gegenüberstehen, Ihnen die Führung abspenstig zu machen. Ein Hovawart wird aufgrund seines starken Charakters immer wieder mal testen, wie weit er bei Ihnen gehen kann. Sie müssen also ein ebenso selbstsicheres Auftreten Ihrem Hund gegenüber haben, damit er Ihnen das Kommando nicht irgendwann abnimmt.

Niemals dürfen Sie gegenüber einem Hovawart unsicher oder unbeholfen wirken. Er könnte es als Ängstlichkeit Ihrerseits werten und Sie beschützen wollen. Dann treten einschüchternde und aggressive Verhaltensweisen an den Tag.

Jedoch ist der Hovawart ein ausgeprägtes Rudeltier und braucht den sozialen Kontakt zu seiner Familie. Trotz seines lebhaften Temperaments eignet er sich als Familienhund, wenn die Voraussetzungen seines Umfeldes stimmen, denn er ist ein sehr anhänglicher Hund. Ein Zusammenleben mit Kindern verläuft problemlos, solange er mit Respekt behandelt wird.

Sie selbst müssen als Respektsperson auftreten und Vertrauen sowie eine gute Bindung zu Ihrem Vierbeiner aufbauen. Dann haben Sie einen loyalen und treuen Begleiter, der zudem noch auf Ihr Grundstück aufpasst.

Der stark ausgeprägte Schutztrieb kommt nur dann zu Tage, wenn Sie es wünschen und von ihm verlangen.

DER SENSIBLE SPORTLER

Der Hovawart wurde als Gebrauchshund gezüchtet und ist auch als ein solcher anerkannt. Deshalb ist er sehr bewegungsfreudig und benötigt eine entsprechende Beschäftigung. Sie selbst sollten also ebenso bewegungsfreudig und sportlich sein, wenn Sie diese Rasse Ihr Eigen nennen wollen. Außerdem verlangt eine solche Beschäftigung nach sehr viel Zeit Ihrerseits. Dies müssen Sie mit Ihren beruflichen und familiären Verpflichtungen in Einklang bringen können.

Es gibt viele Möglichkeiten im Hundesport, um Ihren Hovawart angemessen zu beschäftigen. Hier kann er dann auch seine genetisch bedingte Freude am Arbeiten einsetzen. Da der Hovawart aber auch als sehr intelligent gilt, kann er diese bei Denkaufgaben ebenso gut einsetzen.

Vielleicht denken Sie einmal über eine Ausbildung zum Rettungshund nach. Geeignet wäre aber eine solche auch als Fährten- oder Schutzhund. Hier wird Ihr Vierbeiner sicher viel Spaß haben und Sie ebenso. Diese Zusammenarbeit kann für eine gute Bindung zu Ihrem Hund sorgen und diese vertiefen.

Der Hovawart ist von einem sensiblen Charakter geprägt. Weiterhin ist er sehr anhänglich. Diese Eigenschaften ermöglichen es Ihnen, den ihm angeborenen Beschützerinstinkt im Zaum zu halten und ihm verständlich zu machen, wann er diesen ausleben darf und wann es unangebracht ist.

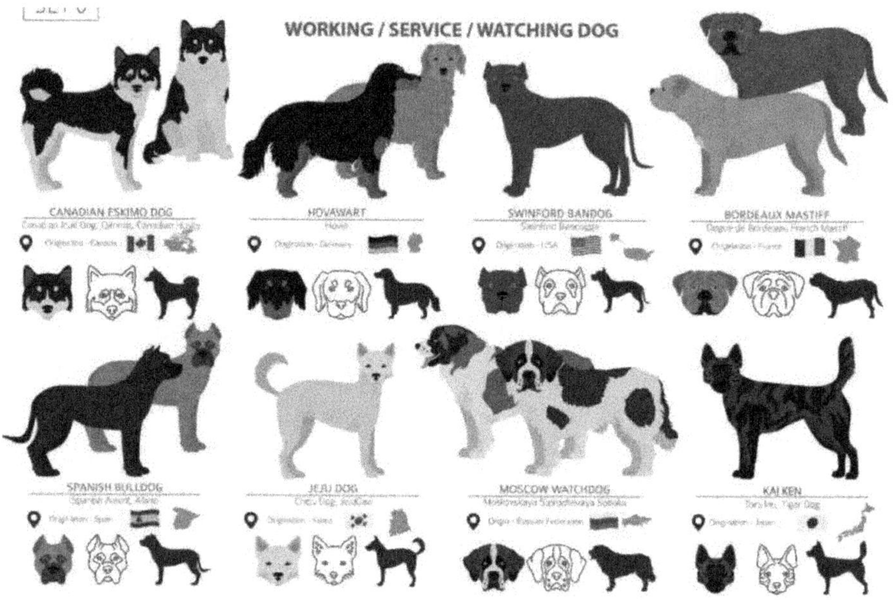

GEBRAUCHSHUND GLEICH FAMILIENHUND?

Ein Gebrauchshund besitzt angeborene Fähigkeiten, die kein anderes Lebewesen dementsprechend vorweisen kann. Jede Rasse hat spezifische Fähigkeiten, die durch die Zucht immer weiter verbessert werden. Der Einsatz solcher Gebrauchshunde ist recht vielfältig und kann zum Beispiel im Wach- oder Polizeidienst erfolgen. Auch ein Blinden- oder Suchhund ist ein Gebrauchshund.

Jede Gebrauchshunderasse ist äußerst intelligent, arbeits- und lernwillig. So auch Ihr Hovawart. Deshalb müssen Sie für eine artgerechte Haltung und Beschäftigung sorgen, ansonsten gerät Ihnen Ihr Vierbeiner schnell aus dem Ruder.

Möchten Sie nun aus Ihrem Hovawart einen Familienhund machen, so benötigt er trotzdem seine rassespezifischen Aufgaben. Sonst wird er sich von Ihnen und Ihrer Familie abgrenzen und hat dann auch kein

Bedürfnis mehr, seine Zeit mit Ihnen zu verbringen und zu kuscheln. Die Wahrscheinlichkeit ist eher groß, dass er durch ein unerwünschtes Verhalten Aufmerksamkeit erregen wird. Dies kann sich zum Beispiel in einer Zerstörungswut äußern. Darüber erfahren Sie später mehr.

Nicht jeder Hund ist somit als Familienhund geeignet, kann aber durchaus als ein solcher leben, solange seine persönlichen Bedürfnisse berücksichtigt und respektiert werden. Für einen Hovawart brauchen Sie sehr viel Zeit, sollten sportlich veranlagt sein und Interesse am Hundesport zeigen. Dann wird auch ein Hovawart mit Ihnen kuscheln und sich freuen, wenn Sie für ihn da sind.

DIE AUFGABEN EINES GEBRAUCHSHUNDES

Je nach Art der Rasse kann ein Gebrauchshund unterschiedliche Aufgaben haben.

So gibt es sogenannte Herdenschutzhunde, die selbständig ohne die Hilfe eines Menschen eine Nutztierherde bewachen und im Ernstfall auch gegen Fressfeinde beschützen.

Zu den Herdenschutzhunden gehören zum Beispiel folgende Rassen:

- der Pyrenäen-Berghund
- der Maremmen-Abruzzen-Schäferhund
- der Komondor
- der südrussische Owtscharka
- der zentralasiatische Owtscharka
- der kaukasische Owtscharka
- der Kuvasz
- der Kangal

Sie alle kommen mit einer beeindruckenden Größe und einem ebenso beeindruckenden Erscheinungsbild daher. Zudem können sie eigenständig

Entscheidungen treffen und sind vom Menschen weitestgehend unabhängig. Diese Eigenschaften sind in den rauen Gebieten, in denen sie eingesetzt werden, auch sehr wichtig, sollen sie hier doch für die Sicherheit einer Herde sorgen.

Auch die Vielfalt der Jagdhunde gehört zu den Gebrauchshunderassen. Diese werden vorwiegend bei der Jagd eingesetzt, jedoch hat auch hier jede Rasse ihre eigenen Aufgaben. Die eine ist für die Stöberjagd geeignet, die andere ist zuständig für das Apportieren des erlegten Wildes. Wieder andere folgen der Spur eines Wildes besonders gut.

Zu den Jagdhunden zählen folgende Rassen:

- der Deutsch Drahthaar
- der Deutsch Langhaar
- der Deutsch Kurzhaar
- der Münsterländer
- der Pointer
- der Setter
- der Retriever
- die Deutsche Bracke
- der Dackel
- der Beagle

All diese Rassen wiederum haben spezifische Eigenschaften, die sie zu einem guten und erfolgreichen Jagdhund machen.

Wachhunde sind für die Sicherheit für Haus und Hof zuständig. Zu diesen gehört auch Ihr Hovawart, denn er ist mit einem hervorragenden Schutzinstinkt geboren worden. In seine Reihe gesellen sich folgende Rassen:

- der Berner Sennenhund
- der Riesenschnauzer
- der Boxer
- die Deutsche Dogge

- der Akita
- der Rhodesian Ridgeback
- der Bullmastiff
- der Deutsche Schäferhund
- der Rottweiler
- der Dobermann

Diese Rassen verlangen nach einer artgerechten Beschäftigungsmöglichkeit, sollten sie nicht als Wachhund eingesetzt werden.

Es können selbstverständlich auch andere Rassen als Gebrauchshunde eingesetzt werden. Als offizieller Gebrauchshund gilt ein solcher, der entsprechende Prüfungen absolviert und bestanden hat. Die genetischen Grundlagen sollten aber für das entsprechende Einsatzgebiet vorhanden sein, damit der Hund seine Arbeit und Aufgaben gut bewältigen kann.

Die Anschaffung eines Welpen

Sie haben sich nun für einen Hovawart-Welpen entschieden. Dies ist ganz sicher eine gute Wahl, wenn Sie in der Lage sind, eine solche Rasse zu halten und zu erziehen. Nun geht es auf die Suche nach einem geeigneten Züchter. Hier gibt es eine Menge zu beachten, denn nicht jede Zuchtstätte hält, was sie am Anfang verspricht. Deshalb sollten Sie gut aufpassen, nicht an einen Welpenhändler zu geraten, der es nur auf das Innere Ihrer Geldbörse abgesehen hat.

EINEN SERIÖSEN ZÜCHTER FINDEN

Um einen anerkannten Züchter der Rasse Hovawart zu finden, sollten Sie als Erstes einen Blick auf die Internetseite des VDH werfen. Hier sind alle Züchter gelistet und Sie können auch einsehen, ob gerade Welpen angeboten werden oder zumindest ein Wurf bevorsteht.

Der Züchter einer Hunderasse sollte einem Hundeverein angehören, der Mitglied im Verband für das Deutsche Hundewesen ist. Dann können Sie mit großer Sicherheit davon ausgehen, dass diese Zuchtstätte nur anerkannte und somit gesunde Welpen anbietet.

Trägt also der von Ihnen ausgewählte Züchter das VDH-Siegel, ist die erste Hürde genommen und Sie können beruhigt einen Besichtigungstermin vereinbaren.

Bei Ihrem ersten Besuch dort sehen Sie sich aber dennoch kritisch um. Welchen Eindruck haben Sie vom Zuchtbetrieb? Ist die Anlage sauber und gepflegt und erscheint sie Ihnen ebenso bei zukünftigen Besuchen? Wie sehen die Hunde aus? Sie sollten ein gepflegtes Äußeres haben und nicht verwahrlost aussehen. Weiterhin müssen die Welpen ungehindert zu

Ihrer Mutter können. Und zu guter Letzt: Wie viele Rassen werden hier gezüchtet? Sind es mehr als drei, können Sie davon ausgehen, dass der Züchter wenig Zeit für die Zucht und die heranwachsenden Welpen aufbringt. Dies ist sehr zum Nachteil des Wurfes, denn eine gute Sozialisierung durch den Menschen kann hier nicht stattfinden.

Nun haben Sie aber das Glück, dass der von Ihnen ausgesuchte Züchter allen Kriterien entspricht. Nehmen Sie sich viel Zeit, um eine Wahl zu treffen, denn dieser Hund, den Sie jetzt aussuchen werden, soll Sie viele Jahre begleiten. Sie sollten den Welpen auch nicht allein wählen, sondern Ihre Familie einbeziehen, denn auch diese wird sehr viel Zeit mit dem neuen Mitglied in Ihrem Haushalt verbringen. Vielleicht schauen Sie auch mehrmals bei diesem Züchter vorbei, wenn Sie sich am Anfang nicht sicher sind, welches Tier das richtige für Sie ist. Ihnen wird von einem seriösen Züchter viel Verständnis entgegengebracht und er hat sicher nichts dagegen einzuwenden.

Wundern Sie sich nicht, wenn Ihnen viele Fragen gestellt werden. Diese Neugierde macht einen guten Züchter aus, denn er ist daran interessiert, wohin seine Welpen gehen und wie sie ihr zukünftiges Leben verbringen werden. Zudem wird er Sie mit wertvollen Informationen über die Rasse des Hovawarts versorgen.

Haben Sie „Ihren“ Welpen gefunden, besuchen Sie ihn bis zum Abholtermin mehrmals im Zuchtbetrieb. So können Sie die kleine Fellnase schon kennenlernen und während dieser Zeit eine Beziehung zu ihm aufbauen. Auch der Welpe lernt dann seine zukünftige Familie kennen und er wird weniger Angst haben, wenn der Zeitpunkt des Umzuges gekommen ist.

HÄUFIGE FEHLER BEIM WELPENKAUF

Der wohl größte Fehler eines potenziellen Käufers ist Mitleid. Leider werden immer wieder Welpen bei zwielichtigen Händlern gekauft, weil geglaubt wird, diese vor einem schlechten Leben zu bewahren. Die Tiere werden verdächtig billig angeboten, so dass sich kaum Gedanken darüber gemacht wird, etwas Falsches zu tun. Jedoch wird genau aus diesem Grund die Hundemafia weiter angekurbelt und es werden immer mehr Welpen „produziert". Anders kann es einfach nicht genannt werden, denn die Hündinnen müssen mehrmals im Jahr Junge werfen, um möglichst viel Geld zu verdienen. Die Welpen werden viel zu früh der Mutter entrissen. Die Gesundheit ist dabei nebensächlich, auch die der Welpen. Es finden keine tierärztlichen Untersuchungen statt und geimpft werden die Hunde auch nicht. Dies hat bedauerlicherweise zur Folge, dass die meisten Welpen sehr krank sind und es auch bleiben. Mit Glück überleben sie einige Jahre, in der Regel sterben Sie aber viel zu früh und haben Ihnen bis dahin eine Menge Tierarztkosten beschert. Das einzige Mittel, dieses Procedere zu unterbrechen, ist die Verweigerung des Kaufes solcher Welpen, auch wenn Sie noch so viel Mitleid mit den armen Geschöpfen haben.

Bevor Sie überhaupt mit dem Gedanken spielen, einen Hund anzuschaffen, sollten Sie sehr kritisch in sich gehen. Stellen Sie sicher, dass Sie die Zeit und die Mittel haben werden, einem Hund über viele Jahre ein artgerechtes Zuhause zu geben. Manch ein zukünftiger Hundehalter macht sich gar keine Gedanken darüber und kauft einen Welpen spontan mal so nebenbei. Das geht oft schief und das Tier landet früher oder später im Tierheim, weil so vieles nicht bedacht wurde.

Gerade zu Weihnachten kommt vom eigenen Nachwuchs oft der Wunsch, einen Hund unter dem Weihnachtsbaum vorzufinden. Bitte nicht ... auch hier bleibt einiges unbedacht und ein Kind ist nun mal nicht in der Lage, sich allein anständig um einen Hund zu kümmern. Das heißt, dass Sie sich in der Zukunft mit ihm beschäftigen müssen, auch wenn Ihr Kind noch so viel zugesichert hat, ihn zu versorgen. Zum Glück ist zumindest in Tierheimen der Erwerb eines Hundes um die Weihnachtszeit meist ausgeschlossen, genau aus diesem Grund. Tiere verschenkt man einfach nicht ...

FCI UND VDH

Die verschiedensten Zuchtvereine Deutschlands gehören dem VDH, dem Verband für das deutsche Hundewesen, an. Mittlerweile sind hier mehr als 250 Hunderassen anerkannt, die mit großen Auflagen und Kontrollen des Verbandes gezüchtet werden. Aber der VDH ist mehr als nur eine Kontrollstelle für Hunde. In allen Belangen, welche den Hund betreffen, ist diese Institution der erste Ansprechpartner, sei es für den Hundehalter selbst oder für Vereine. Selbst Behörden und Gerichte wenden sich an den VDH, wenn es um Fragen rund um den Hund geht. Die Richtlinien für die Hundezucht legen ihren Schwerpunkt auf den Tierschutz und die Gesundheit der Zuchttiere und deren Nachkommen. Daher ist das Reglement auch sehr streng und nicht jeder Hund bekommt die Zulassung zur Zucht. Achten Sie also darauf, dass der von Ihnen ausgewählte Züchter Mitglied eines Hundevereines ist, der wiederum dem VDH angehört. Mit einem vorhandenen VDH-Siegel können Sie sehr sicher sein, einen gesunden Welpen zu erwerben. Damit die deutsche Hundezucht auch internationale Anerkennung findet, fungiert der VDH als Repräsentant im Weltverband der Kynologie. Die internationale Bezeichnung lautet „Fédération Cynologique Internationale", kurz FCI. In der FCI sind 99 Länder der ganzen Welt vertreten, wobei jedes Land nur einen Verband stellen darf, für Deutschland ist es der VDH.

In der FCI sind mehr als 350 unterschiedliche Hunderassen anerkannt. Damit es keine Unterschiede zwischen den Nationalitäten gibt, ist ein entsprechender Standard für jede Rasse vorgeschrieben. Diese Rassestandards werden von den Ursprungsländern der jeweiligen Rasse betreut und zwingend von den anderen Mitgliedsländern anerkannt. Das gilt auch für die Ahnentafeln der Zuchthunde. Der VDH ist hier mit 32 Hunderassen vertreten.

Alle von der FCI anerkannten Rassen sind in unterschiedliche Gruppen und Sektionen eingeteilt, die wie folgt aussehen:

- Gruppe 1: Hüte- und Treibhunde, Schweizer Sennenhunde ausgenommen
- Gruppe 2: Pinscher und Schnauzer – Molosser – Schweizer Sennenhunde
- Gruppe 3: Terrier
- Gruppe 4: Dachshunde
- Gruppe 5: Spitze und Hunde vom Urtyp
- Gruppe 6: Laufhunde, Schweißhunde und verwandte Rassen
- Gruppe 7: Vorstehhunde
- Gruppe 8: Apportierhunde – Stöberhunde – Wasserhunde
- Gruppe 9: Gesellschafts- und Begleithunde
- Gruppe 10: Windhunde

Ihren Hovawart finden Sie in der Gruppe 2: Pinscher und Schnauzer – Molosser – Schweizer Sennenhunde, Sektion 2.2: Molosser, Berghunde, mit Arbeitsprüfung.

Der Umzug in ein neues Leben

Der heiß ersehnte Tag rückt immer näher und Sie fragen sich mittlerweile, was Sie für den Welpen anschaffen müssen, bevor dieser bei Ihnen einzieht. Es sind eine ganze Menge an Utensilien, die Sie schon vorher organisieren können.

WELCHES ZUBEHÖR FÜR DEN WELPEN?

Sämtliches Zubehör, was Ihr Welpe benötigen wird, sollten Sie gezielt und in Ruhe auswählen, damit es auch ganz sicher zu dem Kleinen passt. Denken Sie an folgende Ausstattung:

Zu Hause

Ihr neuer Freund braucht einen Schlafplatz. Meist bietet sich ein Hundekörbchen mit einem kuscheligen Kissen an. Für die erste Zeit, in der Ihr Welpe noch nicht stubenrein ist, könnte eine Hundebox dienlich sein, die Sie neben Ihrem Bett aufstellen. Dazu erfahren Sie später mehr.

Natürlich muss der neue Mitbewohner auch einen Fressplatz bekommen. Schaffen Sie zwei standhafte Näpfe an. In dem einen servieren Sie das Futter, in dem anderen stellen Sie immer frisches Wasser bereit. Vielleicht sollten Sie auch an eine Unterlage denken, damit der Bereich nicht zu sehr durch das Fressen und Trinken verschmutzt wird.

Ein Spielzeug würde Ihr Hovawart wohl auch gerne besitzen, damit er sich die Zeit vertreiben kann. Sie können ihn schließlich nicht ununterbrochen bemuttern.

Draußen

Zum Spazierengehen braucht Ihr Vierbeiner ein Halsband und eine Leine. Denken Sie alternativ zum Halsband über ein gutes Geschirr nach. Damit können Sie den kleinen Welpen meist besser händeln. Zudem wird ihm nicht die Luft abgeschnürt, sollte er noch nicht leinenführig sein. Für das zukünftige Training bietet sich eine Schleppleine an.

Um auch an der frischen Luft keine Langeweile aufkommen zu lassen, besorgen Sie ein welpengerechtes Spielzeug, vielleicht einen Ball oder einen Futterdummy zum Apportieren. Auch ein sogenanntes Zerrseil kann gute Dienste leisten. Achten Sie auf eine gute Qualität, damit sich Ihr Welpe nicht an dem Spielzeug verletzen kann.

Futter

Bis zur ersten Futterumstellung ist es ratsam, das Futter anzubieten, welches der Welpe schon bei seinem Züchter bekommen hat. Erkundigen Sie sich also bei einem Ihrer Besuche in der Zuchtstätte nach der Ernährung, damit Sie genau dieses Futter vor dem Umzug besorgen können.

Vergessen Sie nicht die Leckerlis. Sie werden für die Erziehung und Ausbildung Ihres Hundes einige brauchen, wenn Sie mit der positiven Verstärkung arbeiten wollen. Über diese Trainingsmethode bekommen Sie später mehr Informationen. Sinnvollerweise, damit Ihr Welpe nicht aufgeht wie ein Hefekuchen, achten Sie auf die Zusammensetzung und die Kalorien der Leckerlis. Vielleicht haben Sie auch Freude daran, selbst welche für Ihren Liebling zu backen. Dann wissen Sie immer genau, welche Zutaten enthalten sind.

Pflege

Ein bisschen Pflege benötigt jeder Hund. Legen Sie sich alte Frotteehandtücher beiseite, mit denen Sie Ihren Hovawart bei Bedarf abtrocknen können.

Eine gute Fellbürste wird benötigt, um das schöne Haarkleid in Ordnung zu halten.

Für die Ohren, die Augen und die Pfoten könnten verschiedenfarbige Lappen dienlich sein. So wissen Sie genau, welches Tuch wohin gehört.

Eventuell schaffen Sie sich eine Krallenschere an, wenn Sie glauben, das Kürzen der Krallen selbst durchführen zu können. Weiterhin könnten Sie eine Zeckenzange gebrauchen. Früher oder später werden Sie mit diesen Plagegeistern konfrontiert werden.

Notfälle

Für hoffentlich niemals eintretende Notfälle sollten Sie immer alles parat haben. Vielleicht denken Sie über die Einrichtung einer Hausapotheke für Ihren Hund nach. Was hier alles hineingehört, erfahren Sie später.

Rechtliches

Ohne das Rechtliche geht es auch in der Hundehaltung nicht. Als Erstes, wenn Ihr Welpe bei Ihnen eingezogen ist, müssen Sie ihn bei Ihrer zuständigen Gemeinde anmelden. Ihnen wird dann ein Steuerbescheid mit einer Hundemarke zugeschickt. Die Marke muss Ihr Vierbeiner tragen, sobald Sie mit ihm Ihr Privatgelände verlassen.

Eine Hundehaftpflichtversicherung ist in einigen Bundesländern Pflicht. Informieren Sie sich rechtzeitig darüber. Hier sollten Sie dennoch nicht geizig sein, denn für alle Schäden, die Ihr Hund verursacht, haften Sie als Hundehalter mit Ihrem privaten Vermögen. Schließen Sie also besser eine solche Versicherung ab.

Nützliches

Wie sehen eigentlich Ihre Wohnung und Ihr Garten aus? Würden Sie hier bedenkenlos kleine Kinder spielen lassen? Nein? Dann sollten Sie diesen Umstand tunlichst ändern, denn ein Welpe ist wie ein kleines Kind. Nichts wird vor ihm sicher sein, denn alles Neue ist interessant und muss begutachtet werden. Auch um einen Geschmackstest kommen die meisten Dinge nicht herum und hier droht dann erhebliche Gefahr für den Kleinen. Nicht auszudenken, wenn er auf einem Stromkabel herumbeißt ... die gute Frisur ist dann auf jeden Fall dahin ...

Denken Sie auch an Ihre Zimmerpflanzen, einige könnten vielleicht giftig sein und Ihrem Welpen schaden. Medikamente, Putzmittel und ähnliche Chemikalien müssen Sie ebenfalls in einem sicher geschlossenen Schrank aufbewahren, damit sich der Welpe nicht daran vergreifen kann. Ebenso sollten Sie die Mülleimer sichern und Ihre Lebensmittel wegräumen.

Auch im Garten sollten Sie ein wenig aufräumen, denn auch hier verbergen sich etliche Gefahren für Ihren Welpen. Gartengeräte räumen Sie in den Schuppen oder in die Garage. Herumstehende Kanister mit Chemikalien müssen auch verschlossen werden. Ist der Zaun hoch genug für Ihren neuen Freund? Geben Sie ihm nicht die Möglichkeit, darüber hinwegzuspringen. Wahrscheinlich befinden sich auch in Ihrer Wohlfühloase einige Pflanzen, die für Ihren Kleinen gefährlich werden könnten. Sichern Sie diese durch einen Zaun oder verschenken Sie sie an andere Gartenliebhaber ohne Hund.

Wie schon erwähnt, kann für die ersten Wochen eine Hundebox helfen, um mit dem Welpen das Stubenreinwerden zu trainieren. Diese stellen Sie am besten neben Ihrem Bett auf, damit Sie sofort bemerken, wenn das Hundebaby einmal muss. Weiterhin fühlt sich der Kleine auch nicht so allein, wenn er in Ihrer Nähe schlafen darf.

Im Garten rüsten Sie einen Bereich zu Hundetoilette um. Ein kleiner Zaun drumherum, mit etwas Sand oder Holzspänen ausgelegt, wirkt wahre

Wunder. So erkennt Ihr neuer Mitbewohner sein Klo sofort wieder, nachdem Sie ihn hier eingewiesen haben. Und auch hier sollten Sie nach giftigen Pflanzen Ausschau halten und diese vor dem Welpen sichern. Gartengeräte, die dem Kleinen gefährlich werden können, platzieren Sie zukünftig in einem geschlossenen Raum. Das Gleiche gilt für Düngemittel und dergleichen ... lassen Sie solche Chemikalien niemals offen herumstehen.

DER GROSSE TAG

Endlich ist er gekommen ... der Tag der Abholung Ihres neuen Familienmitgliedes steht bevor. Haben Sie eine Hundebox für einen Kombi angeschafft, so verstauen Sie diese jetzt im Kofferraum. Ist der Transport einer solchen Box nicht möglich, nehmen Sie ein Spezialgeschirr, mit dem Sie den Welpen auf dem Rücksitz mit dem Sicherheitsgurt anschnallen können.

Sollte die Fahrt etwas länger dauern, nehmen Sie etwas Futter und Wasser mit. Zwei faltbare Näpfe können für diesen Zweck gute Dienste leisten. Eine Pause zwischendurch ist auch für den Welpen sinnvoll, damit er sich erleichtern kann.

Denken Sie auch an eine Decke, damit die Sitze Ihres Autos vor den Krallen geschützt sind. Um dem Hundebaby den Trennungsschmerz zu erleichtern, ist es sinnvoll, dem Züchter bei einem Ihrer vorherigen Besuche eine Decke oder ein Handtuch dazulassen. So können sich die Gerüche der Mutter und der Wurfgeschwister darauf verewigen. Dieser bleibt eine Zeit lang erhalten und hilft dem Welpen in der ersten Zeit über den Verlust seiner Familie hinweg.

Der kleine Hovawart wird sehr aufgeregt sein. Es ist denkbar, dass er deshalb sein Pipi nicht halten kann und ins Auto macht. Vielleicht legen Sie unter die Schondecke eine Unterlage aus Plastik oder eine wasserdichte Unterlage, die eigentlich fürs Bett gedacht ist. Zusätzlich nehmen Sie eine

Küchenrolle mit, um die überschüssige Flüssigkeit aufzunehmen. Und bitte schimpfen Sie nicht mit dem Kleinen, er kann nichts dafür ...

Der Aufbau eines guten Vertrauensverhältnisses beginnt schon jetzt. Damit sich der kleine Welpe sicher fühlt und kein Trauma durch den Transport erleidet, legen Sie vielleicht ein Spielzeug und ein Leckerli in die Box. So kann er schon von Anfang an etwas Positives mit der Unterbringung im Auto verknüpfen.

Zu Hause angekommen, bringen Sie Ihren neuen Freund als Erstes in seine Toilettenecke, denn nach der Autofahrt wird er sich lösen müssen. Loben Sie ihn, wenn dies erfolgreich geschehen ist.

Nun kann es mit der Erkundung losgehen. Bei schönem Wetter können Sie erst einmal im Garten bleiben. Hier gibt es so viel Neues zu entdecken ...

Ansonsten gehen Sie in die Wohnung und lassen hier die Entdeckungsreise beginnen. Behalten Sie Ihren Vierbeiner aber immer im Auge, denn es ist denkbar, dass Sie etwas vergessen haben, was die Welpensicherheit betrifft. Dies wird sich spätestens jetzt herausstellen.

Diese ersten wichtigen Erfahrungen, die der kleine Welpe das erste Mal ohne seine Hundefamilie macht, sollte er immer positiv in Erinnerung behalten. Deshalb schimpfen Sie nicht mit ihm, wenn er doch etwas Blödsinn im Kopf hat, sondern lenken ihn davon ab und zeigen ihm etwas Interessanteres. Auch ein Leckerli und viele Streicheleinheiten zwischendurch können nicht schaden.

Geben Sie dem Kleinen die Zeit, die er braucht. Wahrscheinlich wird er auch schnell müde werden, denn die Fahrt war anstrengend genug. Dann bringen Sie das Hundebaby zu seinem Schlafplatz, damit es sich ausruhen kann.

Möglicherweise möchte Ihr Hovawart aber vorher noch etwas fressen. Die ganze Aufregung kann schon hungrig machen. Zeigen Sie ihm den Bereich, wo er fressen darf.

Die ersten Spaziergänge sollten nicht zu lange dauern. Eine Viertelstunde reicht für den Anfang, denn der Welpe wird schnell müde und Sie sollten ihm diese Ruhepausen gönnen. Die Gefahr einer Überflutung von Reizen und einer Überanstrengung ist groß.

Besuche von Außenstehenden sollten Sie in den ersten Tagen vermeiden. Ihr Welpe muss sich erst einmal in seinem neuen Zuhause zurechtfinden und „seine" neue Familie kennenlernen. Später können Sie nach und nach Ihre Freunde und Bekannten einladen, um das neue Familienmitglied willkommen zu heißen. Dann hat der Kleine auch viel mehr Freude daran, andere Menschen kennen zu lernen.

Es kursieren unterschiedliche Meinungen darüber, wo der Welpe in der anfänglichen Zeit seine Nächte verbringen soll. Einerseits wird geraten, einen Schlafplatz weit vom Schlafzimmer entfernt anzubieten, andererseits soll der Vierbeiner sogar vorzugsweise neben Ihnen nächtigen. Wieder andere Meinungen plädieren sogar dafür, den Kleinen im Bett schlafen zu lassen.

Im Prinzip bleibt es Ihnen und Ihren Vorlieben überlassen, wo der Hund schlafen soll. Bedenken Sie aber, dass ein Hund ein Rudeltier ist und er sich somit sehr gerne in Ihrer Nähe aufhält. Es ist also anzuraten, ihn zumindest in der ersten Zeit neben Ihrem Bett schlafen zu lassen. Dann fühlt er sich nicht allein und Sie bekommen schneller mit, wenn er sich lösen muss. Später können Sie ihn dann mit der Zeit daran gewöhnen, die Nacht außerhalb Ihres Schlafzimmers zu verbringen.

Die Ernährung

ERNÄHRUNG

Damit der Mensch verstehen kann, welche Nahrung Hunde zu sich nehmen beziehungsweise zu sich nehmen müssen, ist es wichtig, einen Blick auf das Verdauungssystem zu werfen. Hierbei geht es nicht um den Haushund, sondern vielmehr um den Vorfahren des Hundes: den Wolf. Trotz Volksgeschichten ist der Wolf kein reiner Karnivor. Er nimmt nicht ausschließlich Fleisch zu sich. Stattdessen ernährt er sich von Gräsern, Wurzeln, Kräutern und Beeren, wenn er kein Wild reißen konnte. Ein Wolf verzehrt seine gerissene Beute bis auf Fell, Haut und große Knochen. Daraus können verschiedene Schlussfolgerungen gezogen werden. Einerseits verweist dies auf eine fleischhaltige Ernährung, andererseits kann es zudem zu Argumentationen kommen, die weniger Fleisch bis gar kein Fleisch beinhalten, doch bevor sich für eine der Argumentationen entschieden werden kann, ist es wichtig, zu erläutern, dass der Hundemagen und das Verdauungssystem eines Hundes deutlich empfindlicher sind als bei einem Menschen. Bei Menschen kann es zu Kurzzeitproblemen kommen, wenn den nutritiven Grundbedürfnissen nicht nachgekommen wird. Diese Kurzzeitprobleme zeigen sich in Defiziten, welche leicht behoben werden können. Bei Hunden allerdings kommt es unweigerlich zu Langzeitproblemen, wenn ihnen die falsche Ernährung zugeführt wird. Diese Probleme zeigen sich sehr schnell und können sich rapide verschlechtern. Es kommt zu Krankheiten wie Diabetes, Krebs, Gelenkerkrankungen sowie zu Haut-, Skelett- und Herz-Kreislauf-Erkrankungen.

Hoch angepriesen wird das BARFen – »biologisch artgerechtes rohes Futter«. Diese Form von Ernährung konzentriert sich auf das Zubereiten von hochwertigen Mahlzeiten bestehend aus rohem Fleisch, Knochen, Innereien und Organen mit wenig Obst und Gemüse. Diese Form der Ernährung wird als besonders artgerecht bezeichnet, da sie der Futteraufnahme von Wölfen am nächsten erscheint. Wölfe allerdings haben ein Gespür dafür, wenn ihnen gewisse Vitamine und Mineralien fehlen. Aufgrund dessen können sie in der Natur nach unkonventionellen Pflanzen suchen, die ihnen die fehlenden Wirkstoffe geben. Bei Hunden funktioniert dies nicht, da sie von ihrem Halter gefüttert werden und sich ihre eigene Nahrung nicht aussuchen können; sie können ihren eigenen Vitaminhaushalt nicht regulieren. Beim BARFen kann es daher schnell zu einer Unterversorgung kommen, wenn nicht auf eine durchaus komplizierte Zusammensetzung der richtigen Spurenelemente, Mineralien und Vitamine geachtet wird. Professionelle Hundetrainer und Influencer der heutigen Zeit sind sehr von diesem Trend begeistert, während Veterinäre oft vom BARFen abraten.

Nicht zu vergessen ist, dass das BARFen viel Zeit beansprucht, zudem handelt es sich um eine hochwertige Kost, die sich nicht jeder leisten kann. Wer Welpen und Junghunde trainiert, sollte zudem dringlichst darauf achten, BARFen zu vermeiden, da es ansonsten zu dem Gegenteil einer Unterversorgung kommen kann – zu einer Überversorgung. Bei Welpen kann es zu einer ähnlichen Reaktion kommen wie bei der Überdosierung von Medikamenten beziehungsweise Drogen bei Menschen. Auch kranke sowie übergewichtige Hunde dürfen nicht geBARFt werden.

Wer die richtige Recherche betreibt, seinen Hund genau kennt, sich mit Veterinären auseinandersetzt, den biologischen Haushalt des Hundes kennt und vor den Kosten nicht zurückschreckt, der kann dennoch das BARFen als eine hochwertige Alternative betrachten. Wichtig ist, dass einem strengen Ernährungsplan gefolgt wird. Dieser sollte von einem Fachtierarzt speziell im Bereich der Tierernährung abgesegnet sein. Zudem muss ein Halter wissen, welche Nahrungsmittel ein Hund fressen darf.

In den Bereichen von Fleisch ist beinahe alles ungefährlich. Speziell kann sich zwischen Kopffleisch, Muskelfleisch und ausgewählten Organen entschieden werden. Zu diesen zählen Niere und Herz, Milz und Leber, Pansen, Schlund und Blättermagen. Knochen liefern wichtige Spurenelemente und Kalzium sowie Magnesium. Es muss lediglich darauf geachtet werden, dass die Knochen nicht zu groß sind und zudem nicht gekocht werden. Gekochte Knochen, wie beispielsweise in Hühnergerichten, haben eine hohe Splittergefahr und können die Speiseröhre massiv verletzen. Dasselbe gilt für Fisch. Fischköpfe können verzehrt werden, doch im Bereich des Körpers gibt es zu viele Gräten, die splittern können. Des Weiteren sollte darauf geachtet werden, dass Schweineorgane und Schweinefleisch aufgrund von verschiedenen Krankheiten und Bakterien nur gekocht serviert werden dürfen.

Beim BARFen stellen Fleisch, Knochen und Organe die Hauptportion dar. Komplementiert werden kann diese Portion mit Gemüse und Obst. Zu den verschiedenen Gemüsesorten, die den meisten Hunden schmecken und sich zudem positiv auf das Kreislaufsystem auswirken, zählen Karotte, Spinat, Blattsalat und Sellerie, Pastinaken und Brokkoli. Auf Zwiebeln und Avocado sollte allerdings verzichtet werden und wer Kartoffeln servieren möchte, der muss darauf achten, diese vorher gut zu kochen. Es mag für manche Menschen komisch erscheinen, einen Hund mit Kartoffeln zu füttern, doch geriebene Kartoffeln sind ein guter Weg, um Medikamente oder Mineralpulver in das Futter unterzumischen.

Obst dagegen hilft dem Verdauungssystem und es können besonders viele Obstsorten verwendet werden. Dazu gehören Äpfel, Aprikosen, Brombeeren, Bananen und Birnen, Erdbeeren, Heidelbeeren und Hagebutten, Honigmelonen, Himbeeren, Johannisbeeren in geringen Maßen, Mirabellen, Wassermelonen, Kirschen, Kiwis, Pflaumen, Pfirsiche und Stachelbeeren in geringen Maßen. Vermieden werden sollten Rosinen und Trauben, da diese den Darm nicht nur überreizen, sondern zu Diarrhö und Verstopfungen führen können.

Obst und Gemüse reichen allerdings nicht aus, um den Vitaminhaushalt aufrechterhalten zu können. Damit es zu keinen Defiziten kommt, kann zudem mit Kräutern gearbeitet werden. Dabei kann es sich um gepflückte Kräuter handeln, die kleingeschnitten werden, oder um Kräuteröl. Hierzu zählen Basilikum, Alfalfa, Borretsch, Brombeerblätter und Bohnenkraut, Dill, Fenchel, Estragon, Löwenzahn, Kümmel, Minze und Kamille sowie Mangold, Petersilie, Majoran, Thymian und Oregano.

Vor allem auf die Qualität des Fleisches sollte Wert gelegt werden. Es ist wichtig, dass es sich um qualitativ hochwertiges Fleisch handelt, damit es zu einem ausgewogenen Mineralspiegel kommen kann. Auf Fleisch aus dem Supermarkt sollte verzichtet werden, da dieses nicht frei von Aromen, Konservierungsstoffen und Farbstoffen ist.

Zudem sollte auf die Inhaltsstoffe verzichtet werden, die sich in günstigem Hundefutter befinden. Unter anderem zählen dazu Hufe und Zähne, Federn, Fell, Haut und Krallen sowie Gedärme und überschüssiges Blut, welches mit Urin und Kot verschmutzt sein kann. Als gefährlich hat sich vor allem der Verzehr von Geschlechtsorganen und hormonhaltigen Drüsen herausgestellt. Günstiges Hundefutter kann beinahe kostenfrei verkauft werden, da es sich bei den Inhaltsstoffen um das handelt, was von einem Metzger oder der Industrie nicht weiterverwendet werden kann. Es sind Reste, die nicht innerhalb von hochwertigen Produkten verarbeitet werden können.

Das BARFen beinhaltet einen hohen Zeit- und Kostenaufwand. Nicht jeder kann diesem Lifestyle nachkommen. Wer dies nicht kann, der kann sich an Produkte aus dem Supermarkt halten. Darauf geachtet werden sollte, dass diese Produkte von hochwertiger Qualität sind. Um dies zu überprüfen, lohnt sich ein Blick auf die Rückseite. Dort sind alle Inhaltsstoffe abgedruckt. Speziell geachtet werden muss darauf, dass sich in diesen Produkten kein Schlachtabfall, keine Nebenprodukte, keine Zusatzstoffe und kein Getreide befindet. Erscheinen die auf der Verpackungsrückseite abgedruckten Inhaltsstoffe als unklar, sollte auf diese Produkte verzichtet werden.

Trockenfutter oder Nassfutter?

Wie so oft gibt es sowohl für Trockenfutter als auch für Nassfutter Vor- und Nachteile, die für oder gegen die Verfütterung sprechen. Grundsätzlich enthalten beide Futterarten, wenn sie als Alleinfuttermittel deklariert sind, alle notwendigen Nährstoffe, Vitamine und Mineralstoffe, die ein Hund benötigt. Unterschiede gibt es allerdings in der Qualität der einzelnen Inhaltsstoffe und der verwendeten Nahrungsmittel sowie in der Verfügbarkeit der Nährstoffe und der Verträglichkeit. Letztendlich müssen Sie entscheiden, welche Fütterungsart Sie für die beste halten. Jedes im Handel angebotene Fertigfutter, egal, ob es sich um Trocken- oder Nassfutter handelt, können Sie bedenkenlos an Ihren Hund weiterreichen. In Deutschland findet eine sehr strenge Überwachung bei der Herstellung von Tierfuttermitteln statt. Es dürfen nur solche Zutaten und Inhaltstoffe verwendet werden, die einem Tier nicht schaden, sondern es gesund erhalten. Auch, wenn Sie von im Futter enthaltenen Schlachtabfällen lesen, ist dieses auf keinen Fall ungesund für Ihren Hund, denn dabei handelt es sich immer um Fleisch, welches auch für die menschliche Ernährung in Frage kommen würde. Es sind lediglich Produkte, die heutzutage in der Küche keine Verwendung mehr finden, früher aber gang und gäbe in der Ernährung waren. Scheuen Sie sich also nicht, wenn Sie die Mahlzeiten Ihres Hundes nicht selbst zubereiten möchten oder können, auf Fertigfuttermittel aus dem Handel zurückzugreifen.

Die meisten Hunde vertragen Trockenfutter recht gut, da sie in der Regel genügend Wasser aufnehmen. Allerdings ist der Anteil an Kohlenhydraten recht hoch. Aus produktionstechnischen Gründen besteht die Nahrung zu 30 % aus Stärke. Hunde verdauen auch Kohlenhydrate. Sie ist daher ein großer Energielieferant. Es besteht die Gefahr, dass Hunde, die viel Trockenfutter bekommen, dick werden, ohne jemals satt zu sein.

Da das Futter nicht stinkt, selbst wenn es über Tage in Napf bleibt, neigen viele Hundebesitzer dazu, ständig Trockenfutter im Napf zu lassen. Sobald er leer ist, füllen sie ihn auf. Leider fressen viele Hunde, bis nichts mehr in den Magen passt, ein Erbe des Wolfes. Dieser musste so handeln, denn er wusste nicht, wann er wieder eine Beute schlagen würde. Es ist also nicht ratsam, einem Hund beständig Zugang zum Futter zu gewähren.

Das fleischige Aussehen trügt. Trockenfutter ist kein getrocknetes Fleisch, sondern ein Gebäck, das meist im Extrusionsverfahren hergestellt wird. Eine Maschine presst einen Teig mit hohem Druck und Wasserdampf in eine Form. Die Hitze schließt dabei die Kohlenhydrate auf, das macht sie leichter verdaulich. So entstehen Kroketten, die vermutlich kein Hund anrühren würde. Erst ein Überzug aus Fett, Vitaminen und Eiweiß macht sie für die meisten Hunde interessant.

Zusammensetzung von Trockenfutter (Beispiel)

	Billiges Futter	**Spezialfutter**
Zusammen-setzung	Getreide Fleisch und tierische Nebenerzeugnisse pflanzliche Nebenerzeugnisse Öle und Fette Gemüse Mineralstoffe	Reis getrocknetes Huhn Möhren Hühnerfett Vollei Rapsöl Inulin Leinöl Hefe
Protein	19%	24,6 %
Fett	7,5 %	14 %
Rohasche	7,5 %	5,6 %
Rohfaser	3 %	1,3 %

Das hochwertige Futter enthält deutlich mehr Protein und Fett. Außerdem wissen Sie, welches Getreide und welches Fleisch darin ist. Tierische und pflanzliche Nebenerzeugnisse sind im Spezialfutter nicht vorhanden. Wenn Sie also Trockenfutter verfüttern wollen, halten Sie sich genau an die Dosierung und entscheiden Sie sich für ein hochwertiges Produkt.

Selbstgekochtes Essen

Alles, was Ihr Hund wirklich fressen darf, können Sie selbstverständlich auch selbst kochen und zubereiten. Achten Sie darauf, dass Sie die Mahlzeiten für Ihren Vierbeiner nicht zu stark würzen, am besten gar nicht. Bestimmte Gewürze sind schädlich für die Gesundheit Ihres Hundes und auch hier gilt: Informieren Sie sich gut über die Inhaltsstoffe eines jeden Nahrungsmittels, damit Ihr Liebling keine Mangelernährung erleiden muss. Ihr Tierarzt wird Ihnen mit Rat und Tat zur Seite stehen.

Trockenfutter oder Nassfutter?

Sie können bedenkenlos zu herkömmlichem Trocken- oder Nassfutter aus dem Handel greifen. Die meisten Hundebesitzer wählen diese Art der Fütterung, weil es am einfachsten ist. Fällt die Wahl auf ein Trockenfutter, muss immer frisches Wasser bereitstehen, damit Ihr Hund genug Feuchtigkeit aufnehmen kann. Trockenfutter hat den Vorteil, dass Ihr Vierbeiner die Zähne benutzen muss und somit eine natürliche Kariesvorsorge stattfindet.

Dies ist bei Nassfutter nicht gegeben, da die Futterbrocken sehr weich sind. Hier sollten Sie zusätzliche Kauartikel zur Verfügung stellen. Achten Sie beim Nassfutter auf einen hohen Fleischanteil.

Vor- und Nachteile von Trockenfutter:

Trockenfutter ist vor allem deswegen beliebt, weil es einfach praktischer für den Hundehalter ist. Es ist länger haltbar und lässt sich gut transportieren. Der Grund dafür ist der sehr geringe Feuchtigkeitsgehalt. Außerdem lässt sich Trockenfutter gut portionieren und abwiegen und sogar in sogenannte Futterautomaten geben, die dem Hund täglich automatisch die eingestellte Menge an Futter ausgeben. Bei der Lagerung benötigt es zudem deutlich weniger Platz, was es gerade in kleinen Haushalten beliebt macht. Dementsprechend fällt auch weniger Verpackungsmüll an. Nicht zu vergessen ist auch der meist günstigere Preis von Trockenfutter gegenüber Nassfutter. Ein weiterer Vorteil ist, dass Trockenfutter weniger Dreck um den Napf herum verursacht, selbst wenn der Hund gerne kleckert. Auch der Geruch von Trockenfutter ist deutlich dezenter. Um dem Hund das Futter dennoch schmackhaft zu machen, setzen manche Hersteller auf die Zugabe von Geschmacksverstärkern. Wie Sie vielleicht merken, beziehen sich die Vorteile des Nassfutters mehr auf den Hundehalter als auf den Hund.

Die Nachteile hingegen gehen eher auf Kosten des Hundes. Durch den sehr geringen Feuchtigkeitsgehalt müssen Sie unbedingt darauf achten, dass Ihr Hund genügend Wasser zu sich nimmt, sonst besteht die Gefahr der Dehydrierung. Dies ist sehr wichtig, denn sonst besteht die Gefahr, dass sich Blasensteine entwickeln oder Nierenprobleme auftreten. Außerdem ist Trockenfutter schwerer zu verdauen und kann sogar Allergien auslösen. Die lange Haltbarkeit ist nicht nur auf den geringen Feuchtigkeitsgehalt, sondern auch auf den hohen Gehalt an Konservierungsstoffen zurückzuführen. Konservierungsstoffe sind weder für Menschen noch für Hunde besonders gesund und sollten möglichst vermieden werden bei der Fütterung. Ein weiteres Problem ist, dass Trockenfutter oft zu wenig Fleisch enthält und eher Getreide als Füllstoff genutzt wird.

Vorteile Trockenfutter

- ✓ Die einmal ermittelte und für gut befundene Menge bleibt konstant, solange Sie Ihre Hunderoutine wie die Intensität der Bewegung beibehalten.
- ✓ Es ist unkompliziert: Kaufen, füttern, fertig. Zusatz von Vitaminen und anderen Nahrungsergänzungsmitteln ist meistens nicht nötig.
- ✓ Transport und Lagerung sind denkbar einfach, auch im Urlaub.
- ✓ Man kann die Futterration auch unterwegs oder beim Sport geben, wenn sich der Hund seine Nahrung erarbeiten soll.
- ✓ Es hat eine lange Haltbarkeit.
- ✓ Hunde mit empfindlichem Magen werden durch die kleineren, aber nährstoffreichen Portionen geschont.

Nachteile Trockenfutter

- × Die Zusammensetzung aus Fleisch und Füllstoffen wie Getreide ist bei jeder Sorte verschieden hoch.
- × Die Zusammensetzung lässt sich nicht selbst überprüfen.
- × Sie können nur schwer auf den individuellen Gesundheitszustand Ihres Hundes reagieren, z.B. wenn er Durchfall hat.
- × Viele Sorten sind nicht nur mit Getreide gestreckt, sondern auch mit Zucker, künstlichen Aromen und Geschmackverstärkern versehen.
- × Der Flüssigkeitsbedarf ist höher, dementsprechend müssen Hunde, die wenig trinken, dazu animiert werden.

Trockenfutter kann im Magen aufquellen und deshalb unter ungünstigen Umständen zu einer Magendrehung führen, zu denen alle großen Hunde eine größere Neigung haben als kleinere.

Vor- und Nachteile von Nassfutter:

Die Vorteile von Nassfutter lassen sich teilweise aus den oben genannten Punkten zum Trockenfutter ableiten. Wie der Name vermuten lässt, hat Nassfutter einen deutlich höheren Feuchtigkeitsgehalt und wirkt sich daher positiv auf den Flüssigkeitshaushalt des Hundes aus. Nassfutter riecht für Hunde deutlich ansprechender und schmeckt ihnen meistens auch besser. Zudem ist es besser verdaulich. Trockenfutter kann für ältere Hunde recht schwer zu kauen sein, wohingegen Nassfutter leichter zu fressen ist. Hunde, die etwas verfressen sind, bevorzugen Nassfutter aus dem Grund, dass es in größeren Mengen verzehrt werden kann und dadurch den Magen mehr füllt als Trockenfutter. Außerdem ist die Zusammensetzung von Nassfutter in den meisten Fällen artgerechter, da der Fleischgehalt höher ist.

Die Nachteile dürften sich ebenfalls aus den vorangegangenen Abschnitten ergeben. Dadurch, dass größere Mengen an Nassfutter benötigt werden, um den gleichen Energiebedarf zu decken, benötigt es einerseits deutlich mehr Lagerplatz und andererseits fällt auch mehr Verpackungsmüll an. Außerdem ist es weniger lange haltbar und muss zeitig aufgebraucht werden. Meistens ist Nassfutter auch etwas teurer als Trockenfutter.

Nun, da Sie über die Vor- und Nachteile der beiden Futterarten aufgeklärt sind, können Sie Ihr Wissen weiter ausbauen, indem Sie sich mit den Verfahren zur Herstellung der beiden Futterarten befassen. Vielleicht hilft Ihnen auch das bei der Entscheidung, welches Futter Sie am Ende für Ihren Hund auswählen.

Vorteile Nassfutter

- ✓ Es schmeckt nahezu allen Hunden.
- ✓ Nassfutter ist fast immer die günstigste Variante.
- ✓ Es ist einfach zu kaufen und einfach zu lagern.
- ✓ Nassfutter ist eine halbe Ewigkeit lang haltbar.
- ✓ Der Feuchtigkeitsanteil ist hoch.
- ✓ Hunde mit empfindlichem Gebiss können Nassfutter gut kauen.
- ✓ Es kann als Alleinfutter verwendet werden, d.h. sie müssen nichts zufüttern oder zugeben wie Vitamine, Spurenelemente etc.

Nachteile Nassfutter

- Die Zusammensetzung lässt sich nicht kontrollieren.
- Geschmacksverstärker und künstliche Aromen finden sich vermehrt im Nassfutter.
- Der Fleischanteil ist je nach Sorte unterschiedlich.
- Viele Hunde verweigern andere Sorten Futter, wenn sie einmal an eine Sorte gewöhnt sind.
- Ist Ihr Hund z.B. Allergiker, lässt sich die Zusammensetzung des Futters nicht individuell anpassen.

Die Herstellung von Trockenfutter:

Die meisten Hersteller von Trockenfutter erhitzen die einzelnen Inhaltsstoffe zunächst einmal. Dadurch werden sie haltbarer und sind besser zu verarbeiten. Hersteller von hochqualitativem Trockenfutter verwenden auch Kaltpressverfahren. Der Vorteil hierbei ist, dass weniger Nährstoffe durch das Erhitzen verloren gehen.

Die Inhaltsstoffe werden in einem weiteren Verfahren gemischt und die Flüssigkeit, falls noch nicht geschehen, wird entzogen. Dadurch entsteht eine mehlige Masse, die im nächsten Schritt zu den Futterbrocken gepresst wird, die Sie am Ende in den Napf geben. Beim Pressen wird das Futtermehl erneut erhitzt, um das Erhalten der Form zu gewährleisten.

Bei diesen Verfahren verlieren die meisten Inhaltsstoffe ihr Aroma und ihren Geschmack. Damit der Hund das Futter am Ende frisst, ist es üblich, die fertigen Futterbrocken mit Geschmacksstoffen zu bearbeiten. Auch die verloren gegangenen Vitamine und Mineralstoffe werden nachträglich auf die Außenseiten der Brocken aufgetragen, damit die Angaben in den Nährstofftabellen der fertigen Packung ansprechend sind. Es ist allerdings umstritten, wie gut diese Nährstoffe vom Hund verstoffwechselt werden können.

Die Herstellung von Nassfutter:

Die Herstellung von Nassfutter verläuft in weniger Arbeitsschritten. Die einzelnen Zutaten werden in der Regel vorgegart, allerdings unter deutlich weniger Hitzeeinfluss als beim Trockenfutter. Enthält das Nassfutter große Einzelteile, so werden diese noch zerkleinert, damit am Ende eine gut portionierbare Futtermasse entsteht. Auch dieser Futtermasse werden meistens weitere Zusatzstoffe in Form von Geliermittel, Vitaminen und Mineralstoffen beigefügt. Nachdem das Futter in die fertige Verpackung, beispielsweise Dosen oder Schalen, gefüllt wurde, wird es noch einmal erhitzt, um das Futter länger haltbar zu machen.

Fleisch, Fisch oder vegan?

Diese Frage stellen sich viele Hundebesitzer, die eine richtige Antwort darauf gibt es jedoch nicht. Hunde sind sowohl Karnivore als auch Omnivore – sie sind sowohl Fleisch- als auch Allesfresser. Theoretisch ist es demnach möglich, einen Hund fleischlos zu ernähren. Eine rein vegane Ernährung ist allerdings sehr komplex und sollte nur in Rücksprache mit dem Tierarzt erfolgen. Dafür benötigen Sie einen strengen Ernährungsplan, den es konsequent zu befolgen gilt. Fakt ist, dass Hunde gerne Fleisch essen. Die meisten Hunde mögen auch Fisch, der zudem eine sehr gute Eiweißquelle ist.

Sie wissen sicherlich, dass ein Hund zu den Fleischfressern zählt. Mittlerweile ist aus ihm aber, dank der Evolution und Domestizierung, ein Allesfresser geworden. Sie können Ihren Vierbeiner sogar vegan oder vegetarisch ernähren. Aus dem Fleischanteil im Futter werden die Aminosäuren gewonnen, die für den Hundekörper wichtig sind. Allerdings können diese Aminosäuren auch aus veganen oder vegetarischen Lebensmitteln stammen. Wichtig ist nur, dass insgesamt alle Vitamine, Mineralstoffe und sonstigen benötigten Nährstoffe im Futter enthalten sind, die Ihrem Hund ein gesundes Leben ermöglichen. Woher diese letztlich stammen, ist völlig egal.

Im Handel sind fertige Menüs auf veganer oder vegetarischer Basis erhältlich. Diese sind laut einiger Tests aber nicht unbedingt empfehlenswert. Das gilt übrigens auch für fertige Barf-Menüs. Sie haben aber die Möglichkeit, für Ihren Hund selbst die Mahlzeiten zusammenzustellen und zuzubereiten. Bitte informieren Sie sich aber vorher bei Ihrem Tierarzt oder einem Ernährungsberater für Hunde und lassen Sie sich einen individuell auf Ihren Hund zugeschnittenen Futterplan erstellen. Wenn Sie selbst nicht hundertprozentig genau wissen, wie viel Inhaltsstoffe in welchem Nahrungsmittel enthalten ist, können schnell Mangelerscheinungen auftreten.

Die Möglichkeit des BARFen

Nun gibt es unterschiedliche Möglichkeiten der Fütterung. Während der eine voll und ganz auf die Trockenfutter-Fütterung beharrt, lieben andere das BARFen. Sie haben davon noch nicht gehört? Dann lohnt es sich, sich jetzt darüber zu informieren.

Entscheiden Sie, ob es etwas für Sie und Ihren Hund sein könnte. Damit dies besser beleuchtet werden kann, helfen sicherlich auch die Vor- und Nachteile.

Doch was ist BARFen überhaupt? Es beschreibt die Rohfütterung des Hundes, die biologisch und artgerecht erfolgt. Der Begriff stammt aus dem Englischen und steht für „Bones and raw food". Grundlage für das BARFen ist das Fressverhalten der Wölfe. Hier stehen rohes Fleisch, aber auch Fisch, Knochen und Innereien auf dem Speiseplan.

Nicht nur das sollte ausreichend gefüttert werden. Ebenso wertvoll sind Gemüse, Obst, verschiedenste Öle und auch Getreide.

Wichtig ist an dieser Stelle, zu sagen, dass viele Menschen der Meinung sind, BARFen konzentriert sich nur auf rohes Fleisch. Dem ist aber nicht so, sondern hier geht es im Großen und Ganzen um rohes Futter.

Aber wo liegen die Vor- und Nachteile?

Vorteile:

- ✓ Der Zahnstatus Ihres Hundes wird sich bessern
- ✓ Der körperliche Geruch geht zurück, was sicherlich sehr viele Hundehalter freuen wird
- ✓ Das Fell des Vierbeiners glänzt auf natürliche Art und Weise schön
- ✓ Die Kondition steigt, das heißt, Ihr Hund wird mehr Energie haben und noch mehr Power entwickeln
- ✓ Hunde, die von Allergien geplagt sind, werden mit dieser Fütterung weniger Probleme haben. Oft entstehen diese unverträglichen Stoffe nur durch Konservierung und weitere Verarbeitung.
- ✓ Schädliche Zusätze, Geschmacksverstärker und Farbstoffe wird es hier nicht mehr geben.
- ✓ Erkrankungen jeglicher Art treten bei Tieren, die durch das BARFen gefüttert werden, deutlich weniger auf. Es kann auch zur Verbesserung von Beschwerden beitragen, für die Sie sonst keine Lösung gefunden hätten.
- ✓ Das Futter ist frisch.
- ✓ Die meisten Hunde mögen frisches Fleisch.
- ✓ Sie haben die volle Kontrolle über das, was Ihr Hund frisst und können individuell anpassen, beispielsweise bei Trächtigkeit und vielen Krankheiten.
- ✓ Barfer kommen ohne Zusatz von Füllstoffen, Konservierungsstoffen oder künstlichen Aromen aus.
- ✓ Es gibt viel mehr Abwechslung auf dem Futterplan.

Schauen wir uns an dieser Stelle aber auch die Nachteile an. Bedenken Sie bitte, dass sowohl für die Vorteile als auch für die Nachteile noch recht wenige wissenschaftliche Belege vorliegen.

Nachteile:

- Mangelernährung steht bei Kritikern oft an oberster Stelle, die auch durchaus ernst genommen werden sollte.
- Schnell schleicht sich eine Einseitigkeit ein. Die Rationen werden von Ihnen selbst bestimmt und zusammengestellt. Ob das alles so richtig ist, kann Ihnen leider niemand sagen. Tabellen wie auf dem Fertigfutter gibt es hier leider nicht. Ausgewogenheit sollte immer im Blick behalten werden.
- Es kann zu Mangelerscheinungen im Bereich von Vitaminen, Mineralien oder auch Spurenelementen kommen, die auf den ersten Blick gar nicht zu erkennen sind. Es braucht eine stetige Anpassung, die gar nicht so leicht als Laie zu treffen ist.
- BARFen braucht Absprachen mit einem Tierarzt, was aber durch die wenigsten Halter wirklich getan wird. Es ist ein zusätzlicher Aufwand, der nicht von der Hand zu weisen ist.
- Mikroorganismen können sich vermehren, die in rohem Fleisch ganz normal sind. Bakterien können nur durch das Kochen gänzlich aufgehalten werden, was bei BARFen aber nicht angesetzt ist.
- Die Wahrscheinlichkeit, dass Krankheiten ausbrechen, ist recht groß (Minimierung kann durch das Einfrieren gewährleistet werden).
- Barfen erfordert Information und Kenntnis, die Sie sich erarbeiten müssen. Anlesen oder ausgiebig im Barf Shop Ihres Vertrauens informieren ist Pflicht!
- Diese Fütterungsmethode ist zeitintensiv, da Sie frisches Gemüse raspeln oder kochen und jede Mahlzeit zusammengestellt wird.
- Die Kosten sind höher als beim durchschnittlichen Trocken- oder Nassfutter, sogar deutlich, wenn Sie günstiges Fertigfutter kaufen.
- Bei falscher Lagerung können sich eventuell vorhandene Keime ausbreiten.

BARF für magenempfindliche Hunde

Bei besonders empfindlichen Hunden ist es ohnehin immer sinnvoll, die Ernährung gemeinsam mit einem Tierarzt zusammenzustellen. BARF-Nahrungsmittel können zunächst einmal gekocht gefüttert werden. Dann sind sie zwar nicht mehr roh, aber eben leichter zu verdauen und verträglicher.

BARF für ältere Hunde

Bei älteren Hunden kann der Körper etwas mehr Zeit brauchen, um sich an eine BARF-Ernährung zu gewöhnen. Auch werden besonders schwer verdauliche Nahrungsmittel wie Knochen möglicherweise nicht mehr so gut verdaut. Unterstützen Sie Ihren Hund, indem Sie ihm zerkleinerte Knochen füttern. Damit er dennoch genügend Calcium zu sich nimmt, eignen sich fein zerkleinerte Brustknochen, Lammknochen oder Hähnchenhälse.

Vegane Ernährung

Dieses Kapitel führt immer wieder zu vielen Kontroversen bei Hundehaltern. Zur Vollständigkeit haben wir auch die vegane und vegetarische Ernährung aufgenommen. Bitte informieren Sie sich vorher bei ihrem Tierarzt.

Das klingt jetzt vielleicht seltsam: Hunde sind keine kompletten Fleischfresser, auch wenn wir das gerne glauben. Sie können Nährstoffe aus tierischen, aber auch aus pflanzlichen Stoffen gewinnen. Nur Fleisch wäre gar nicht gut für unsere Vierbeiner.

Das heißt, eine vegane Ernährung ist durchaus möglich, aber es sollte auch auf ausreichende Stoffe wie Fette, Proteine, Kohlenhydrate, Vitamine und Mineralstoffe geachtet werden. Mangelerscheinungen dürfen auf keinen Fall die Folge sein.

Eiweiß ist wichtig und unabdingbar für den Stoffwechsel. Herrscht hier ein Mangel, geht auch dieser nur noch schleppend voran.

Futter für den Hund, welches wirklich vegan ist, enthält absolut keine Zusätze von Tieren. Das heißt, Sie werden auf der Zutatenliste weder Zusätze tierischen Ursprungs noch Fleisch, Fisch, Eier oder Ähnliches finden. Hier sind eher Zusätze wie Obst und Gemüse, aber auch Kartoffeln und Reis ersichtlich. Nicht zu vergessen sind aber auch Vitamine und Mineralstoffe, wie schon kurz beschrieben. Das sollte auf jeden Fall auf der Zutatenliste ebenfalls aufgeführt sein, um wirklich ein gutes Futter für Ihren Hund zu besitzen.

Wenn Sie nicht komplett auf Vegan umstellen wollen, können Sie Ihrem Hund durchaus auch Quark geben. Das ist erlaubt und fördert auch die Aufnahme von Proteinen (Eiweiß), was mehr als wichtig ist. Über die reine vegane Ernährung ist es gar nicht immer so leicht, wirklich alles in ausreichendem Maße zuzuführen.

Ist die Mangelerscheinung erst einmal vorhanden, braucht es Zeit und viel Energie, diese wieder auszugleichen. Für Ihren Hund ist das sicherlich alles andere als gut und gesund. Achten Sie bitte sehr gut darauf!

Fernab von Inhaltsstoffen und Co.: Warum sollten Sie Ihren Hund überhaupt vegan ernähren? Wenn sich Ihnen diese Frage stellt, sind Sie damit sicherlich nicht allein. Es gibt durchaus Gründe, die dafür sprechen. Es gibt auch Hunde, die gar nicht anders ernährt werden können, weil sie Vorerkrankungen haben, die diese Form der Ernährung einfach nötig machen.

Die vegane Ernährung eines Hundes ist also durchaus denkbar und machbar. Es gibt einige Vierbeiner, die allergisch auf Fleisch reagieren und bei denen die Ernährung deshalb angepasst werden muss. Möglicherweise sind Sie aber auch selbst Veganer und möchten Ihren Hund ebenso ernähren. Im Prinzip ist es egal, aus welchen Nahrungsmitteln die benötigten Nährstoffe stammen, wichtig ist nur, dass sie in entsprechender Zusammensetzung und in richtiger Menge zugeführt werden, damit keine

Mangelerscheinungen auftreten. Informieren Sie sich bei Ihrem Tierarzt oder einem Ernährungsberater für Hunde, damit ein entsprechender Fütterungsplan zusammengestellt werden kann. Übrigens Schwere Näpfe aus Keramik sind geschmacksneutral und geben keine Giftstoffe ab, wenn die Glasur lebensmittelecht ist. Edelstahl ist zu leicht und kann Geschmacksstoffe und je nach Zusammensetzung sogar Schwermetalle freisetzen. Kunststoff gibt meist Weichmacher ab und lässt sich nur schwer reinigen.

Unsere Näpfe sind extra aus Keramik. ®rgladel

1. Allergie auf Hundefutter

Es gibt Halter, die schon alles probiert haben. Jedes Hundefutter, das irgendwo gekauft werden konnte, wurde schon versucht. Für den Anfang lief alles gut, aber dann stellten sich abermals altbekannte Beschwerden ein. Die Allergie ging wieder los und der Zustand des Hundes verschlechterte sich.

Die Umstellung erfolgte zögerlich, aber half: Mit der veganen Ernährung ist nun alles besser. Es gibt durchaus Hunde, die mit solchem Futter besser zurechtkommen. Das ist ein absolutes Plus für die vegane

Ernährung und Hundehalter möchten sie an dieser Stelle nicht mehr missen.

2. Ethische Gründe

Doch nicht immer sind es Allergien der Vierbeiner, die eine solche Fütterung wichtig werden lassen. Auch wenn Sie die landwirtschaftliche Tierhaltung in Massen unterbinden wollen, kann vegane Ernährung eine Möglichkeit sein. So unterstützen Sie Ihre Meinung und können etwas für Ihr Denken tun. Auf diese Weise unterstützen Sie nachhaltig den Tierschutz.

An dieser Stelle sollte aber auch gesagt werden: Ist das der Grund, denken Sie immer an Paragraph 2 des Tierschutzgesetzes. Aus diesem geht hervor, dass ein Hund nach seinen Bedürfnissen ernährt werden sollte, was in der Regel Fleisch ist. Sind also nur ethische Gründe vorhanden, sollten Sie nochmals genau darüber nachdenken, ob es dauerhaft eine Lösung ist oder es nicht doch noch Alternativen gibt. Schauen wir uns an dieser Stelle auch hier die Vor- und Nachteile an.

Vorteile:

- ✓ Futter veganer Natur lässt sich von Ihrem Schützling sehr leicht verdauen. Wenn Sie also einen Hund haben, der sehr mit der Verdauung zu kämpfen hat, kann es durchaus eine Alternative sein. Aber das wird Ihr Tierarzt feststellen. Magenbeschwerden, die kurzzeitig auftreten, sind sicherlich noch kein Grund, wenn sie bald wieder vergehen. Ist das nicht der Fall, kann ein Gespräch helfen, um etwas an der Fütterung zu verändern.
- ✓ Wie schon angesprochen, haben Hunde, die vegan ernährt werden, nachweislich weniger mit Allergien zu kämpfen. Sie werden minimiert oder treten gar nicht erst auf. Wichtig ist aber an dieser Stelle auch, dass nachgewiesen werden sollte, dass die Allergien auch wirklich mit dem Futter zusammenhängen. Es gibt Hunde, die ohnehin zu derlei

Problemen neigen, die aber gar nicht in der Ernährung zu finden sind. Dann bringt eine vegane Fütterung nicht unbedingt viel. Allergien sind bei dieser Hunderasse leider sehr häufig. Ein Hinweis auf die Ernährung könnte es sein, dass Ihr Hund so gut wie keine Fleischsorte verträgt, ganz egal, welche Sie auch probieren. Immer wieder reagiert er negativ und es kommt zu Anzeichen, die Ihnen gar nicht gefallen.

- ✓ Die Reduzierung des Gewichts kann durchaus eine Folge sein. Auch wenn es viel klingt: Es ist erwiesen, dass jeder zweite Hund in Deutschland zu viel wiegt. Das schließt natürlich auch schon leichtes Übergewicht mit ein. Infolgedessen können sich allerdings auch Krankheiten wie Diabetes entwickeln. Sollte Ihr Hund zu viel Speck auf den Rippen haben, könnte die vegane Ernährung somit durchaus eine Alternative sein, um dem Gewicht den Kampf anzusagen. Hier kann schon eine kurzzeitige Umstellung Erfolg bringen.
- ✓ Forschungen haben gezeigt, dass eine Ernährung ohne Fleisch Entzündungen im Körper eindämmen kann. Größtenteils wurden diese Studien natürlich am Menschen durchgeführt. Es ist also nicht ganz klar, ob es sich auch beim Hund so auswirkt. Sollte Ihr Hund aber eine solche Erkrankung und Beschwerden haben, ist es durchaus eine Möglichkeit, es zu versuchen. Es ist besser, als dauerhaft auf Medikamente zurückzugreifen.
- ✓ Auch wenn schon kurz angesprochen, sollte es in jedem Fall bei den Vorteilen stehen. Wenn Sie selbst sich gerne und oft für den Tierschutz einsetzen und die Massentierhaltung überhaupt nicht mögen, können Sie so einen wichtigen Beitrag leisten. Wichtig sollte allerdings immer die Gesundheit Ihres Tieres sein, aber wenn Sie sich immer wieder dafür einsetzen, werden Sie das auch sicherlich im Blick haben und genau wissen, was für Ihren Vierbeiner gut ist.

Nun werfen wir auch noch einen Blick auf die *Nachteile*, die bei allen guten Gedanken und gesundheitlichen Aspekten nicht außer Acht gelassen werden dürfen.

- ✗ Problematisch wird es, wenn Ihr Hund das Fleischfressen schon kennt. Eine Umstellung mitten im Leben ist nicht nur schwer, sondern kaum auf Dauer zu schaffen. Wenn Ihr Hund gerne ein Fleischfresser war, wird es schwer sein, ihn an das glatte Gegenteil zu gewöhnen. Sie können es gut meinen, aber nicht jeder Hund versteht es auch so. Es braucht somit sehr viel Geduld und ob es gelingt, kann nur die Zeit zeigen. Eine Umstellung von heute auf morgen wird es in einem solchen Fall nicht geben können.
- ✗ Es ist nicht leicht, die richtige Zusammenstellung der Nahrungsmittel zu gewährleisten. Das erfolgt allein durch Sie und es braucht sehr viel Erfahrung und Fachwissen. Besonders zu Beginn der neuen Ernährung ist das nicht gegeben und es braucht Übung. Es ist wichtig, jeden Tag eine ausgewogene Ernährung zu gewährleisten. Ohne fachmännische Hilfe und Beratung ist das kaum möglich. Bitte nicht allein auf Tabellen und gute Worte aus dem Internet verlassen. Auch kann es nicht sinnvoll sein, sofort komplett umzustellen. Schritt für Schritt lautet hier die Devise, was aber sehr viel Organisation braucht. Nicht jeder Halter hat dafür die Geduld und auch die nötige Zeit.
- ✗ Heranwachsende Hunde brauchen besonders viele wichtige Nährstoffe. Nur so können sie ohne Mangelerscheinungen aufwachsen und es wird ihnen an nichts fehlen. Hier ist die Ausgewogenheit der Ernährung besonders wichtig und es kann für die Zukunft und das Wachstum starke Folgen haben, wenn hier dauerhaft Nährstoffe fehlen. Hier sollte niemals auf eine rein pflanzliche Ernährung umgestellt, sondern immer eine Mischfütterung vorgesehen werden. Alles andere ist in Bezug auf die Entwicklung und das Wachstum eines Junghundes nicht abgestimmt oder zeigt sich oft später mit einem negativen Verlauf.

- Es fehlen weiterhin ausreichende Belege, welche die vegane Ernährung wirklich als „gut" ansehen. Wissenschaftliche Tests und Forschungen werden zwar immer wieder und stetig betrieben, aber sie reichen noch lange nicht aus, um sich ein abschließendes Bild zu machen. Diese Ernährung erfolgt somit auf eigene Verantwortung und sollte genau überdacht werden.

Ihre Entscheidung ist gefallen! Sie möchten es mit der veganen Ernährung versuchen. Die Gründe dafür spielen jetzt erst einmal keine Rolle. Sie haben die Wahl getroffen und es kann losgehen. Dann können Ihnen sicherlich die folgenden Hinweise helfen und Ihnen aufzeigen, worauf Sie besonders achten sollten.

1. Tipp: Absprache mit dem Tierarzt

Aus medizinischer Sicht kennt niemand Ihren Hund besser als der Tierarzt, im Idealfall schon seit er klein ist. Er weiß, ob Ihr Vierbeiner nennenswerte Allergien hat, die eine solche Ernährung auch befürworten würden. Doch nicht nur das: Auch das Gewicht und sonstige Verhaltensweisen sowie Vorerkrankungen spielen eine Rolle und können durch den Arzt besser beurteilt werden als durch den Hundehalter.

Hier ist es wichtig, wirklich das Gespräch zu suchen. Wenn es Ihnen schon eine Weile auf der Seele brennt, eignet sich der jährliche Tierarztbesuch sehr gut dazu. Es muss vielleicht nicht unbedingt zwischendurch ein Termin gemacht werden, es sei denn natürlich, Ihr Hund hat gesundheitliche Probleme, die Sie so wieder in den Griff bekommen möchten.

2. Tipp: Alleinfutter

Für eine gute und vegane Ernährung eignet sich ein Alleinfutter am besten. Nicht jeden Tag etwas Neues, sondern immer nur dieses eine. Hier sind alle

Nährstoffe enthalten, die Ihr Hund braucht und die in der EU auch vorgeschrieben sind.

Es ist wichtig, dass auf diesem Futter alle Nährstoffe aufgelistet sind, die Ihr Hund braucht. Wenn Sie dann immer bei dem gleichen Alleinfutter bleiben, machen Sie alles richtig und können in dieser Hinsicht auf der sicheren Seite sein.

3. Tipp: Langsame Umstellung

Wie schon gesagt, ist es wichtig, die Umstellung so langsam wie möglich anzugehen, nicht von heute auf morgen und schon gar nicht unter Druck. Es braucht Zeit! Besonders schwer kann es sein, wenn Ihr Hund schon Fleischfresser war. Er wird neugierig sein, aber ob es ihm gefällt, wird die Zeit entscheiden.

Am besten ist es, wenn Sie erst kleine Mengen der veganen Ernährung zufügen und dafür etwas Fleisch weglassen. Das wird er vielleicht gar nicht merken. Es gibt aber auch sehr achtsame Hunde, die diese Umstellung sofort mitbekommen und das auch zeigen. Wie die Reaktion aussieht, werden Sie schnell erfahren.

Kommt es gut an, können Sie noch einen Schritt weitergehen und noch mehr Fleisch entfernen, um es durch die vegane Ernährung zu ersetzen. Kommt Ihr Hund an seine Grenzen, bleiben Sie erst einmal bei der aktuellen Menge oder gehen Sie einen Schritt zurück, bis er wieder mit der Fütterung zufrieden ist.

Bedenken Sie immer, dass die Umstellung nicht um jeden Preis erfolgen sollte. Die Gesundheit des Tieres ist wichtiger und Ihr Hund braucht in jedem Fall seine ausreichende Menge an Nährstoffen und Mineralien.

Kleiner Hinweis: Nur weil Ihr Hund an einer bestimmten Stelle nicht mehr weiterwollte, heißt es nicht, dass es mit der Zeit keine positiven Entwicklungen mehr gibt. Einfach etwas abwarten.

4. Tipp: Die ersten zwei Monate

Ob Ihr Hund die neue Ernährung wirklich gut verträgt, merken Sie nicht gleich. Es braucht, wie die Umstellung an sich auch, Zeit.

Hier gilt ein Zeitfenster von zwei Monaten. Achten Sie dabei genau auf die Kotmenge und darauf, wie sich dieser von der Konsistenz her verändern. Das mag nicht immer angenehm sein, ist aber für die Gesundheit des Hundes sehr wichtig. Auch das Fell kann sehr viel aussagen. Ist es weiterhin schön, ist alles in Ordnung, nehmen Sie aber hier Veränderungen wahr, kann es an der Umstellung liegen.

Wenn Sie möchten, können Sie hier ein Tagebuch mit täglichen Aufzeichnung führen. So merken Sie besonders schnell, ob sich Veränderungen einstellen, und können dementsprechend handeln.

5. Tipp: Check-up

Beobachten und Aufmerksamkeit sind gut, aber reichen durch Sie selbst nicht unbedingt aus. Es ist also unbedingt ratsam, nach einer gewissen Zeit einen Tierarzt aufzusuchen, um eventuelle Veränderungen festzustellen oder auch nicht.

Hier ist ein Check-up erforderlich. Ihr Tierarzt wird auch Blut abnehmen, wenn es nötig ist, und kann auf diese Weise schnell einen Nährstoffmangel nachweisen, wenn er denn vorhanden ist.

Es mag vielleicht auf den ersten Blick überflüssig erscheinen, besonders dann, wenn es Ihrem Hund gut geht. Aber oftmals gibt es Veränderungen, die wir nicht sehen.

Wenn alles in Ordnung ist, sind Sie auf der sicheren Seite und können weitermachen. Nebenbei können Sie sich noch einen fachmännischen Rat einholen.

Nun folgen noch weitere Informationen über die Hundeernährung:

Eine gesunde und ausgewogene Ernährung ist für die Gesundheit eines Hundes unerlässlich. Machen Sie sich deshalb schon frühzeitig Gedanken darüber, welches Futter Sie Ihrem Hovawart anbieten möchten, wenn er für das Welpenfutter zu alt wird.

Das typische Nass- und Trockenfutter ist Ihnen sicherlich bekannt, aber wussten Sie auch, dass Sie Ihren Vierbeiner sogar vegetarisch oder vegan ernähren können? Und dann gibt es noch das sogenannte BARF. Erfahren Sie nun mehr über die unterschiedlichen Möglichkeiten der Hundeernährung, damit Sie das richtige Futter für Ihren Liebling auswählen können, denn jedes hat seine Vor- und Nachteile.

TROCKENFUTTER

Zuerst sei erwähnt, dass jegliche Sorten von Trockenfutter für Ihren Hund gut verträglich und mit ausreichend Nährstoffen und Vitaminen versehen sind. Es sei denn, Ihr Vierbeiner entwickelt eine Unverträglichkeit gegenüber irgendwelchen Zutaten im Trockenfutter, dann muss dies natürlich explizit festgestellt und das Futter dementsprechend angepasst werden. Wichtig ist die Bezeichnung „Alleinfuttermittel für Hunde“, damit auch alles darin enthalten ist, was drin sein soll.

Trockenfutter enthält wenig Feuchtigkeit. Somit bleiben der Fressplatz und der Napf sauberer, als es bei der Fütterung von Nassfutter der Fall sein würde.

Sie können das Trockenfutter besser lagern, denn es nimmt weniger Platz in Anspruch als die entsprechende Menge an Nassfutterdosen.

Weiterhin können Sie das Trockenfutter besser auf Reisen oder Wanderungen mitnehmen und zudem noch als Leckerli zwischendurch verwenden.

Die entsprechende Menge Trockenfutter nimmt weniger Volumen in Anspruch. Das Nassfutter würde eine größere Menge beanspruchen, um die gleichen Nährstoffansprüche zu befriedigen.

Vielleicht ist es aber auch entscheidend, dass Trockenfutter günstiger im Handel zu erwerben ist als Nassfutter und der Verpackungsmüll geringer ausfällt.

Bei der Gabe von Trockenfutter müssen Sie allerdings das Trinkverhalten Ihres Hundes im Auge behalten und immer frisches Wasser bereitstellen. Die Trockenfutterbrocken quellen im Magen auf.

NASSFUTTER

Die meisten Hunde bevorzugen ein Nassfutter. Das liegt am Geschmack und Geruch dieser Dosenmahlzeit, denn diese sind viel intensiver als beim Trockenfutter.

Ein gutes Nassfutter kann auch von älteren Hunden gut aufgenommen werden, erst recht dann, wenn sie Probleme mit den Zähnen haben. Ist Ihr Vierbeiner sehr trinkfaul, kann die Gabe von Nassfutter vorteilhaft sein, weil hier viel Feuchtigkeit enthalten ist.

FAZIT TROCKENFUTTER VS. NASSFUTTER

Beide Arten der Ernährung haben Vor- und Nachteile. Jedoch sind beide Varianten hervorragend geeignet, um Ihren Hund mit allen wichtigen Nährstoffen, Mineralien und Vitaminen zu versorgen. Vielleicht lassen Sie einfach Ihren Hund entscheiden, welches Futter er bevorzugt fressen möchte.

Dann gäbe es aber noch die Möglichkeit, beides miteinander zu kombinieren. Dies hätte den Vorteil, dass Ihr Vierbeiner Trockenfutter sowie Nassfutter kennt und akzeptiert. So müssen Sie keine Futterumstellung vornehmen, falls eines der Futtersorten nicht mehr vertragen wird. Da sich für eine Reise die Mitnahme von Trockenfutter besser eignet, werden Sie auch hier keine Probleme haben.

Achten Sie lediglich darauf, dass Sie das Trocken- und Nassfutter nicht miteinander vermischen, denn das Trockenfutter wird langsamer vom Hundekörper verwertet als das Nassfutter. Hier könnten dann Verdauungsprobleme auftreten.

Zudem sollte die Ernährung alters- und bedarfsgerecht sein. Ein Welpe benötigt eine andere Zusammensetzung des Futters als ein älterer Hund oder einer, der eine Diät braucht, weil er Probleme mit dem Gewicht hat. Für jede Phase des Hundelebens stehen aber genügend Trocken- oder Nassfutterprodukte bereit, so dass Sie hier keine Schwierigkeiten haben werden, das richtige Futter herauszufiltern.

BARF

Vom BARFen haben Sie sicher schon gehört. Hierbei handelt es sich um die „**B**iologisch **A**rtgerechte **R**oh**f**ütterung“. Es kommen fast nur rohe Zutaten in den Napf Ihres Hundes, denn einige Lebensmittel dürfen Sie nicht ungegart an Ihren Hund verfüttern.

Das Barfen soll besonders artgerecht sein, denn es lehnt sich an die Ernährung eines Wolfes an, von dem der Hund ursprünglich abstammt. Sollten Sie aber einen Hund besitzen, der unter einer Allergie oder einer Futterunverträglichkeit leidet, so haben Sie beim Barfen die Möglichkeit, jeden Futterzusatz selbst bestimmen zu können. Sie wissen also immer ganz genau, was Ihr Vierbeiner zu sich nimmt.

Diese sehr frischen Zutaten in den Mahlzeiten Ihres Vierbeiners erleiden besonders wenig Nährstoffverluste, denn alles bleibt im natürlichen Zustand erhalten. Der Hund kann ein solches Futter sehr gut verwerten, was sich im Kotabsatz bemerkbar macht, denn er scheidet deutlich weniger aus. Da Sie auch frische Knochen verfüttern werden, wird der Zahnbelag erheblich minimiert, weil ein natürlicher Abrieb durch das Zerkauen stattfindet.

Das hört sich jetzt alles sehr einfach an, ist es aber nicht. Um den individuellen Nährstoffbedarf Ihres Hundes vollständig zu decken, müssen Sie sehr genau wissen, welche Inhaltsstoffe in den jeweiligen Lebensmitteln enthalten sind. Sie müssen sich also gut informieren und in der Lebensmittelkunde ein Experte werden. Das geht nicht ohne Hilfe. Deshalb wenden Sie sich bitte an Ihren Tierarzt, der Sie und Ihren Vierbeiner wahrscheinlich an einen qualifizierten Ernährungsberater weiterleiten wird. Dort wird mit Ihnen zusammen ein Futterplan ausgearbeitet, an den Sie sich genau halten müssen, damit keine Mangelernährung stattfindet. Um eine solche rechtzeitig zu erkennen, sollten Sie auch regelmäßige Kontrolluntersuchungen von Ihrem Tierarzt durchführen lassen.

Eine Barf-Mahlzeit besteht aber nicht nur aus rohem Fleisch. Damit keine Über- oder Mangelernährung zustande kommt, müssen noch weitere Zutaten gefüttert werden. Dies könnten zum Beispiel Fisch, Innereien, Pansen, Knochen mit Fleischbesatz, geeignetes Gemüse, geeignetes Obst, zermahlene Eierschalen, Milchprodukte, unterschiedliche Öle und entsprechende Nahrungsergänzungsmittel für den Vitamin- und Mineralienhaushalt sein. Bitte beachten Sie, dass Ihr Hund nicht alles fressen darf, was auf Ihrem Tisch zu finden ist. Viele Lebensmittel sind nicht genießbar oder sogar toxisch für Ihren Vierbeiner. Deshalb ist eine genaue Information darüber, was in den Napf Ihres Hundes darf und was vermieden werden sollte, sehr wichtig.

Sie können bereits fertig zusammengestellte Barf-Mahlzeiten im Handel erwerben. Diese werden tiefgefroren angeboten. Allerdings gehen hier die Meinungen sehr auseinander, denn solche Futterrationen sollen teilweise mit Bakterien und Keimen belastet sein.

Wenn Sie sich für das BARFen entscheiden, ist eine Selbstzubereitung anzuraten. So haben Sie alles unter Kontrolle und wissen ganz genau, was Sie Ihrem Vierbeiner anbieten. Sie müssen jede einzelne

Zutat genau nach dem Futterplan abwiegen, um den Nährstoffbedarf Ihres Hundes zu decken.

Bei der Zubereitung der Mahlzeit ist allerdings größte Vorsicht geboten, denn das Hantieren mit rohem Fleisch erfordert eine große Hygiene. So benutzen Sie das Geschirr für die Hundeportionen nicht in der Zubereitung Ihrer eigenen Lebensmittel. Spülen Sie die Utensilien gut ab, bevor Sie sie wieder verwenden.

Für die Lagerung des Hundefutters schaffen Sie einen eigenen Gefrierschrank an, damit es nicht zwischen Ihren Lebensmitteln lagert. Waschen Sie sich gründlich die Hände, bevor Sie das Futter zubereiten und auch danach. Die Verbreitung von Keimen, Bakterien und Parasiten kann schnell geschehen, wenn Sie die Hygienemaßnahmen nicht einhalten.

Es ist also nicht so einfach, Ihren Hund zu barfen, denn Sie brauchen sehr gute Kenntnisse in der Lebensmittelkunde und sehr viel Zeit, um die Rationen vorzubereiten.

VEGETARISCHE / VEGANE ERNÄHRUNG

So unglaublich es klingt, aber Sie können Ihren Hund auch vegetarisch oder vegan ernähren. Ob die Vitamine und Mineralien aus tierischen oder pflanzlichen Lebensmitteln stammen, ist letztlich egal, solange alles enthalten ist, was der Hund für ein gesundes Leben braucht.

Jedoch sind auch hier sehr gute Kenntnisse erforderlich und Sie sollten eine solche Ernährung nicht ohne professionelle Hilfe durchführen. Wenden Sie sich vertrauensvoll an Ihren Tierarzt oder einen Ernährungsberater für Hunde.

Versäumen Sie auch bei dieser Ernährungsweise nicht, Ihren Vierbeiner regelmäßig beim Tierarzt vorzustellen, denn nur allzu schnell schleicht sich eine Mangel- oder Überversorgung ein, welche einen erheblichen gesundheitlichen Schaden anrichten kann.

WAS DER HUND NICHT FRESSEN DARF

Wie schon erwähnt, sind viele Lebensmittel für den Hund nicht geeignet. Hier ist eine kleine Auswahl dessen, was niemals im Napf Ihres Hovawarts landen sollte.

Alkohol und Koffein, Avocados, zu fetthaltige Speisen, Kakao und Schokolade, Zwiebeln und Knoblauch, Knochen (außer Rinderknochen), Nachtschattengewächse, Obstkerne, rohe Linsen und Bohnen, Salz, Trauben sowie Rosinen.

Diese Liste ist nicht vollständig, sondern zeigt nur eine kleine Auswahl. Bitte holen Sie sich unbedingt genaue Informationen bei Ihrem Tierarzt.

LECKERLIS – ABER BITTE MIT BEDACHT

Ja, die Leckerlis ... ein schwieriges Thema, denn sie verursachen meist Probleme mit dem Gewicht des Hundes. Dennoch werden Sie wohl nicht drum herumkommen, Ihren Vierbeiner ab und an mit einer Leckerei zu verwöhnen.

Sie werden in einem späteren Kapitel Informationen über die positive Verstärkung in der Hundeerziehung bekommen. Hier wird mit Belohnungen, meist in Form von Leckerlis, gearbeitet. Der Lernerfolg ist groß, die Angst vor einem ungesunden Snack aber auch.

Im Handel sind viele Varianten von Leckerlis für den Hund erhältlich. Sehr viele von ihnen enthalten zu viel Zucker und sind deshalb mit einem hohen Kaloriengehalt gesegnet. Achten Sie beim Kauf der Leckereien also auf die Inhaltsstoffe. Sie werden auch welche finden, die mit wenigen Kalorien ausgestattet sind.

Haben Sie sich schon Gedanken darüber gemacht, die Leckerlis selbst herzustellen? Dies ist keine große Kunst und mit wenigen Zutaten erledigt. Dann wissen Sie genau, was in den Naschereien enthalten ist, und müssen sich um das Gewicht Ihres Hundes keine Sorgen machen.

Zu guter Letzt bleibt Ihnen noch die Möglichkeit, die Futterrationen zu verringern, wenn Ihr Hund doch zu viele Kalorien über die Leckerlis zu sich genommen hat. Die Belohnungen können übrigens auch über das Trockenfutter erfolgen, sofern Ihr Hund dieses als solche akzeptiert.

Die Erziehung und das Training des Hundes

Die wenigsten Menschen sind sich bewusst, welche Last sie auf ihre Schultern nehmen, wenn sie mit dem Gedanken spielen, der Erziehung eines Hundes eine Chance zu geben. Wer keine Vorerfahrungen hat, der kann schnell überwältigt werden. In den meisten Fällen führt Überwältigung zu Frustration, welche nicht nur im Leben des Halters für Chaos sorgt, sondern auch innerhalb der Beziehung zu Mensch und Hund. Der Alltag kann stark gestört werden. In dem folgenden Kapitel sollen aus diesem Grund die ersten Anfänge der Hundeerziehung ausführlich erklärt werden, damit eine innige Verbindung aufgebaut werden kann, die nicht auf Angst und Strafen basiert, sondern auf Güte und Respekt. Dabei sind es vor allem die kleinen Hürden des Alltages, die zu großen, meist negativen Emotionen führen können.

Ein besonderes Augenmerk soll hierbei auf die positive Verstärkung gelegt werden. Es handelt sich dabei um einen Trend der Neuzeit, dem die Tatsache zugrunde liegt, dass ein Hund genauso eingeschüchtert sein kann, wie dies beim Menschen der Fall ist. Nicht nur kommt der Hund – manchmal im Welpenalter – in ein neues Zuhause, in dem es sich zurechtzufinden gilt, sondern es kommen Lernstunden auf den Hund zu, die ihn ähnlich überfordern können wie den Halter in der Rolle des Lehrers. Der Trend entspricht der Neuzeit, da Hunde früher abgerichtet wurden ohne einen Blick auf Konsequenzen; sie erfüllten Aufgaben und Kommandos aus Angst vor Strafen. Heute wird stattdessen auf die natürliche und gütige Dominanz des Halters gezielt, unter welcher der Hund sich sicher und geborgen fühlen kann.

DAS RESPEKTTRAINING

Einer der wichtigsten Aspekte innerhalb der Hundeerziehung stellt das Respekttraining dar. Eine respektvolle Verbindung kann nur durch Vertrauen und Dominanz aufgebaut werden.

In den letzten Jahren hat sich gezeigt, dass ein Hund nicht durch Gewalt abgerichtet werden muss. Es braucht nicht einmal Gewalt, damit ein Mensch seine eigene Vorrangstellung durchsetzen kann. Stattdessen wird mit der natürlichen Dominanz des Menschen gearbeitet. Durchaus ist dies schwieriger, als einen Hund durch Gewalt abzurichten, doch die daraus entstandene Verbindung lohnt sich um ein Vielfaches. Es handelt sich um eine Dominanz, welche in Hunden keine Angst auslöst, sondern es wird mit derselben Dominanz gearbeitet, welche auch innerhalb des Arbeits- oder Privatlebens gezeigt wird: Es ist das Selbstbewusstsein. Die folgenden Übungen können nur dann mit Erfolg durchgeführt werden, wenn der Halter ein selbstsicheres, gelassenes und souveränes Handeln zeigt. Es ist wichtig, dass der Halter sich bewusst ist, welche und wie viel Macht er auf den Hund ausüben könnte. Besagte Dominanz muss ausgestrahlt werden, allerdings auf einer Basis der Güte und der Gelassenheit. Dies muss beibehalten werden, auch wenn manche Übungen keinen bzw. nicht sofort Erfolg bringen sollten.

Gleichzeitig bedeutet dies, dass Menschen, die mit ihrem Selbstbewusstsein zu kämpfen haben, von der Erziehung eines Hundes absehen sollten. Sie sollten zuerst lernen, ihr Selbstbewusstsein unter Kontrolle zu haben, und dieses nicht nur vortäuschen. Ansonsten ist es für den Hund beinahe unmöglich, den Halter ernst zu nehmen und ihm den gebührenden Respekt zu zeigen.

Zuerst muss herausgefunden werden, ob der Hund bereit dazu ist, den Vorrang des Menschen anzuerkennen, beziehungsweise ob der Hund Respekt empfinden kann. Hierfür eignet sich ein simpler Vertrauenstest. Der Test kann mehrmals durchgeführt werden in einem Abstand von mehreren Wochen oder Monaten, allerdings muss beachtet werden, dass es sich nicht um eine Übung handelt, mit welcher auf Erfolg gezielt wird. Stattdessen ist es ein Test, in welchem jedes Ergebnis einen positiven Erfolg darstellt, auch wenn nicht die gewünschte Reaktion erzielt werden konnte.

Damit der Test erfolgreich durchgeführt werden kann, sollte der Hund auf simple Kommandos hören können. Durch eines dieser Kommandos wird der Hund zum Hinsetzen gebracht. Für den Halter ist es wichtig, auf Augenhöhe zu gehen und nicht von oben herab zu seinem Begleiter zu sprechen – er hockt sich am besten neben seinen Hund. Andernfalls kann es zu einer erzwungenen Dominanz kommen, welche nicht selten in Angst endet. Wenn der Halter sich neben seinem Vierbeiner befindet, kann nun eine Hand auf den Nacken des Hundes im oberen Bereich gelegt werden. Wichtig ist hier, dass nicht mit Kraft gearbeitet wird. Stattdessen sollte es eine angenehme Geste direkt unterhalb der Ohren sein. Nun kann mit ein wenig Druck der Kopf in Richtung Boden gelenkt werden. Auch hier muss ohne Gewalt gearbeitet werden und das Kinn des Hundes soll nicht den Boden berühren, da dies sehr unangenehm und einengend sein kann.

Um ein Ergebnis zu erhalten, muss geschaut werden, wie viel Druck der Halter ausüben muss, bis sein Hund dem Druck nachkommt. Es kann zu vier Szenarien kommen. So kommt der Hund der Bewegung nach und akzeptiert den menschlichen Vorrang, er kommt dem Druck nur langsam und unwillig nach und zeigt somit, dass der Mensch zwar toleriert, aber nicht respektiert wird, er folgt der Bewegung nicht und hält stand, wodurch der Hund versucht, seine eigene Dominanz zu zeigen, oder der Hund zieht seinen Kopf weg und schüttelt die Hand ab, was bedeuten kann, dass die Bindung für solche Berührungen noch nicht gefestigt genug ist.

Der Test kann mehrmals in der Ausbildung wiederholt werden. Das eigentliche Ziel ist es, dass der Hund der Bewegung nachkommt, wenn die Hand lediglich das Fell berührt. So kann für spätere, komplizierte Kommandos geübt werden oder für die erste große Hürde für das Halter-Hunde-Team: das Spazierengehen.

Nur selten zeigt ein Hund bei diesem Test die gewünschte Methode. Stattdessen wird weiter an der Verbindung zwischen Mensch und Begleiter gearbeitet werden müssen. Basierend auf dem Akzeptanzstadium, in welchem sich der Hund zum Zeitpunkt des Tests befindet, kann mit unterschiedlichen Übungen gearbeitet werden, welche die natürliche Dominanz des Menschen stärken sollen.

Bevor diese Übungen beschrieben werden sollen, muss ein Augenmerk auf die Vorfahren des Hundes geworfen werden: auf die Wölfe. In einem Rudel kristallisiert sich ein Rudelführer heraus, welcher nicht gewählt wird, sondern der seine Position durch seine Macht, Dominanz und Führungskenntnisse beibehält. Besagter Rudelführer hat denselben Status wie ein menschlicher Adeliger. Sein Verhalten ist hoheitsvoll und souverän. Das bedeutet beispielsweise, dass Begrüßungen zwar erwartet und gewollt sind, doch im selben Atemzug ignoriert werden, damit ein weiteres Mal die Macht des Rudelführers demonstriert werden kann. Durch diese Methode ist es für den Rest des Rudels unmöglich, zu vergessen, wer der Rudelführer ist und welche Macht dieser trägt. Der Mensch kann dasselbe System anwenden, um wiederum die eigene Dominanz sicherzustellen.

Die meisten Hundehalter, die nicht professionell mit Hunden arbeiten, haben über die Jahre hinweg mit ihrem Hund ein Morgen-Ritual entwickelt, welches sich unterschiedlich zeigen kann. Nicht selten kommt es noch vor dem Frühstück zu ausgiebigen Streicheleinheiten oder der Hund wird dazu ermutigt, mit ins Bett zu hüpfen oder an seinem Halter hinaufzuspringen, wenn dieser sich aus dem Bett begeben hat. So schön ein solches Ritual auch sein kann, umso stärker sollte darauf verzichtet werden. Genauso verzichtet werden sollte auf die menschliche Kommunikation mit dem Vierbeiner. Der Hund ist kein Mensch und wird es nie sein. Dennoch beginnen einige Hundehalter direkt nach dem Aufwachen damit, ausgiebig mit ihren Hunden zu sprechen, und zwar ähnlich wie mit einem anderen Menschen. Meist wird damit versucht, die Verbindung zwischen Mensch und Hund zu stärken, und für Menschen, die einsam sind oder keine Freunde oder Familie in der Nähe haben, kann eine solche Kommunikation beruhigend wirken, doch es trägt nicht zum positiven Verhalten des Hundes bei. Es zeigt ihm lediglich, dass er ungestraft mit gewissem Verhalten durchkommt.

Es darf nicht vergessen werden, dass Hunde ähnlich begeistert darüber sind, ihre Menschen am Morgen wiederzusehen. Dies resultiert in negativer Aufregung. Daher ist es besser, wenn der Hund am Morgen für einige Minuten ignoriert wird, damit dieser sich beruhigen kann und dann nicht mehr an Menschen hinaufspringt. Dabei kann sich hier auf wenige Minuten beschränkt werden, denn der Hund soll nur so lange ignoriert werden, bis dessen morgendliche Freude ein wenig abgeklungen ist. Anschließend kann der Hund gegrüßt werden, doch auch hier sollte auf eine verhaltene Begrüßung geachtet werden. Sanfte Worte reichen aus, ebenso ruhige Streicheleinheiten, die den Hund nicht erneut aufregen. Somit kann die natürliche Dominanz des Menschen gezeigt werden, denn dem Hund wird beigebracht, dass er sich ruhig verhalten muss, bevor er seine geliebten Streicheleinheiten als Belohnung bekommt. Positives Verhalten wird belohnt.

Ähnlich wie Kinder sind Hunde wahre Meister, wenn es darum geht, ihren Willen durchzusetzen. So ist jegliches Betteln um Aufmerksamkeit kein Zufall und sie wissen sehr genau, was die Reaktion des Menschen sein wird. Die sehr bewusste Manipulation gehört zum natürlichen Verhalten von Wölfen. Diesem Verhalten und vor allem den großen Augen sollte widerstanden werden. Ansonsten kann es dazu kommen, dass das morgendliche Ritual des Menschen gestört wird, wodurch es besonders zu Komplikationen kommen kann, wenn beispielsweise verschlafen wurde.

Angewandt werden kann dasselbe Prinzip, wenn am Nachmittag oder am Abend von der Arbeit nach Hause gekommen wird. Nicht selten kommt es vor, dass ein gewisses Verhalten vom Halter provoziert wird, beispielsweise wenn der Halter seine Arme ausstreckt, um den Hund zu begrüßen. Gemeinsam mit einer hohen Stimme kann dies zu einer Adrenalinausschüttung beitragen, durch welche es dazu kommt, dass der Hund seine Manieren so wie Gelerntes vergisst. Dies gehört zum Verhalten, welches die meisten Hundeführer zeigen, doch es ist wichtig, zu verstehen, dass dies in einem tatsächlichen Rudel niemals der Fall wäre. Das Rudel wird nicht von einem zurückkehrenden Rudelführer begrüßt, stattdessen ist es andersherum. Das Rudel begrüßt den Rudelführer, weshalb Hunde sich sehr freuen, wenn ihr Mensch wieder nach Hause kommt, sei dies nach der Arbeit oder von einem Spaziergang. Es kann zu unterschiedlichem Verhalten kommen: Manche Hunde rennen auf ihre Besitzer zu, andere springen an diesen hinauf. Es ist wichtig, dass an diesem Verhalten gearbeitet wird, denn Kinder können dem Gewicht von großen Hunden nicht standhalten und fremde Menschen können Angst vor Hunden haben. So wie am Morgen sollte der Vierbeiner daher für einige Minuten ignoriert werden, damit er versteht, dass dieses Verhalten ihn nicht näher an sein gewünschtes Ziel bringt: Aufmerksamkeit. Er muss sich erst beruhigen, bevor es zu einer Begrüßung kommen kann. Das Ziel ist es, dass der Hund irgendwann nicht mehr aufgeregt reagiert, wenn die Haustür sich öffnet, sondern langsam zu Besuchern läuft, diese mit der Nase anstupst oder sich beispielsweise gegen sie lehnt. Das Stichwort liegt hier darin, dass wildes Verhalten niemals belohnt werden sollte. Mit diesen Methoden kann zudem Hunden geholfen werden, die mit Bindungs- beziehungsweise Trennungsängsten zu kämpfen haben. Indem dem Hund zu verstehen gegeben wird, dass diese Begrüßungen nicht von großer Bedeutung sind, kann ihm beigebracht werden, dass es nicht das Ende der Welt ist, wenn der Halter zur Arbeit geht oder den Hund für einige Zeit alleine lässt.

Eine schwache Begrüßung, ob am Nachmittag oder am Morgen, kann viele Vorteile mit sich bringen, doch gleichermaßen kann es dazu kommen, dass dem Hund langweilig wird und er daher das Interesse am Menschen verliert. Dies muss ausgeglichen werden, denn wenn dem Hund das Interesse fehlt, dann befolgt er weniger Kommandos. Sobald der Hund ruhig ist, kann ausgiebig mit ihm gespielt werden.

Wird dies beibehalten, kann dies auch Hunden mit Bindungsängsten helfen. Indem es zu einer flüchtigen Begrüßung kommt, mit warmen Worten oder sehr kurzen Streicheleinheiten, lernt der Hund, dass es normal ist, wenn der Mensch aus der Sicht verschwindet oder ein paar Stunden nicht da ist. Eine schwache Begrüßung am Morgen und später am Tag kann dazu führen, dass der Hund das Interesse am Menschen verliert beziehungsweise dass ihm langweilig wird. Um dies auszugleichen, sollte der Halter nicht nur mit dem Hund spielen, in Form von Ablenken, sondern er sollte sich aktiv mit einbringen. Das bedeutet durchaus, dass gemeinsam getobt werden sollte, und das manchmal sogar auf Augenhöhe. Gemeinsames Zerren an einem Stock kann für beide Parteien entlastend wirken und wenn zu zweit über eine Wiese gerannt wird, dann stärkt dies die Bindung zum Hund. Hin und wieder sollte das Spielverhalten daher kopiert werden.

Sollte der Hund klein genug sein, dann kann er auch vom Boden gehoben werden. Dies stärkt das Vertrauen, denn der Hund sollte dabei keine Angst empfinden. Auf Grenzen von beiden Seiten muss dennoch geachtet werden. Manche Hunde mögen es nicht, die Pfoten nicht auf dem Boden zu haben, und nicht jeder Halter mag es, wenn der Hund besonders übermütig wird. In diesem Fall sollte die Überschreitung einer Grenze das Spiel beenden.

Dem Hund sollte zudem jederzeit bewusst sein, dass der Mensch größer und stärker ist. Dies kann vertieft werden, indem sich kurz über den Hund gebeugt wird, wenn dieser beispielsweise auf dem Boden liegt. Er kann kurz gestreichelt werden. Am besten eignet sich dafür der Bauch, da Hunde ihren Bauch und ihre Brust nur dann zeigen, wenn sie sich wohl fühlen. So kann eine positive Dominanz aufgebaut werden und gleichzeitig handelt es sich um eine Bestätigungsgeste.

Es gibt damit verschiedene, recht kleine Methoden, welche angewandt werden können, damit der Hund erkennt, dass er dem Menschen Respekt zu zeigen hat. Meist können sehr schnell Erfolge verzeichnet werden. Diese zeigen sich vor allem durch kleine Gesten. Diese Gesten nennen sich »Beschwichtigungsgesten«. Bei den meisten Hunden zeigen sich diese in Form von Lecken an der Hand, die ihn streichelt, und vor allem in der Meidung des Blickkontakts, wenn sich der Mensch über den Hund beugt.

Respektlosigkeit gegenüber anderen Hunden

Sollte es innerhalb der Hund-Mensch-Dynamik zu Problemen mit der Respektlosigkeit kommen, dann kann dies für beide Parteien sehr schwer sein und sich immer häufiger im alltäglichen Leben zeigen. Oftmals ist dies allerdings nicht das eigentliche Problem. Viel mehr Hundehalter haben Angst davor, dass es zu Auseinandersetzungen mit anderen Hunden kommen könnte, denn respektloses Verhalten gegenüber anderen Hunden kann schnell in aggressivem Verhalten enden.

Ähnlich wie bei Menschen ist »schlechtes« Verhalten niemals angeboren. Babys und Welpen lernen von ihren Bezugspersonen beziehungsweise Bezugshunden und Vorbildern. Wenn aggressives Verhalten oder auch Respektlosigkeit in späteren Jahren auftritt, dann gibt es dafür einen konkreten Grund. Meist liegt dieser Grund darin, dass Grenzen überschritten wurden. Dies kann sich darin zeigen, wenn der Hund gestresst ist und daher unabsichtlich nicht bemerkt, dass das Gegenüber nicht spielen möchte. Die Anwendung des Begriffes »Stress« mag für einige Hundehalter verwirrend klingen. Dies liegt daran, dass viele Menschen nicht bemerken, wie stressig ein Hundeleben sein kann. Es mag kein Vergleich zu einem menschlichen Leben sein, doch Stress war schon immer subjektiv; jedes Lebewesen nimmt Stress anders wahr. Und es mag stimmen, dass das eigentliche Leben eines Hundes nicht als stressig beschrieben werden kann, denn viele Hunde liegen die meiste Zeit des Tages in der Wohnung, das kann nicht als stressig angesehen werden, doch Hunde sind Meister im Kopieren, und dies vollkommen unbewusst. Sie kopieren das Verhalten ihres Besitzers und sollte der Halter gestresst sein, kann sich dies auf das Gemüt des Hundes auswirken. Bereits kleinste Veränderungen werden stark wahrgenommen und können dementsprechend große Reaktionen hervorrufen. Doch auch durch einen akuten Bewegungsmangel oder Schlafstörungen kann es zu Stress bei Hunden kommen. Dabei handelt es sich deutlich weniger um den Stress, der auch von Menschen wahrgenommen wird, sondern vielmehr kann der Stress in Hunden als eine simple Unausgeglichenheit beschrieben werden. Doch Stress ist nicht der einzige Grund, warum es im Verhalten mit anderen Hunden zu Problemen kommen kann. Auf Spaziergängen kann es zudem zu Reizüberflutungen kommen, wodurch die Rufe des Besitzers, Kommandos oder eben auch Grenzen von anderen Hunden ausgeblendet werden, da sie sich nicht richtig konzentrieren können.

Gleichzeitig kann es jederzeit dazu kommen, dass aufgrund von schlechten Erfahrungen Schutzmauern gebildet werden. Das bedeutet, dass negative Aspekte der Vergangenheit bei Hunden durchaus Spuren hinterlassen können. Daher kann es dazu kommen, dass Auseinandersetzungen mit Hunden entweder in Aggressionen oder in Angst enden. Genauer gesagt handelt es sich dabei um ein simples Schutzverhalten. In diesen Fällen ist es wichtig, dass der Besitzer des Hundes gelassen bleibt. Da der Hund aus eigener Kraft bereits verängstigt ist, würde es durch das Kopieren des Verhaltens des Halters zu noch größeren Spannungen kommen. Gleichzeitig kann dieses Kopieren genutzt werden: Indem das ruhige Verhalten des Halters kopiert wird, kann sich der Hund eigenständig beruhigen. Dies spielt erneut auf die kontrollierte Dominanz an.

Dennoch darf das ungewollte Überschreiten von Grenzen nicht mit absichtlichem Überschreiten verwechselt werden. Aufgrund eines mangelnden Sozialverhaltens kann es zu Reizüberflutungen kommen. Dies geschieht dann, wenn der Hund lange keine sozialen Kontakte mehr hatte, wie beispielsweise, wenn der Hund nur Auslauf im eigenen Garten bekommt und nicht in großen Parks spazieren geht. Es kommt dazu, dass der Hund mit all den neuen Eindrücken überfordert ist.

Eine solche Überforderung zeigt sich, wenn beide Hunde versuchen, die Kontrolle in der Situation zu gewinnen. Hunde sind zwar gegenüber dem Menschen unterwürfig, doch nur sehr selten untereinander. Ein Hund hat viel zu kontrollieren und diese Kontrolle zeigt sich anders als beim Menschen. Zu diesen kontrollierenden Dingen zählen die Ressourcen, das Territorium und auch die Konkurrenten. Das kann das Spielzeug beinhalten, das Futter, aber auch den eigenen Halter.

Der Respektlosigkeit gegenüber anderen Hunden kann nicht aus dem Weg gegangen werden. Es muss sich darum gekümmert werden und dies geschieht mit anderen Hunden. Alleine ist es beinahe unmöglich, den Hund auf eine solche Situation vorzubereiten. Es braucht einen kontrollierten Bereich und Hunde, die bereits erfahren sind. Dafür können besonders gut ältere Hunde verwendet werden, die es reichlich wenig interessiert, wenn ein jüngerer Hund aus der Rolle fährt. Wichtig ist lediglich, dass diese Hunde ohne zu zögern den Kommandos ihrer Besitzer folgen. In die Mitte dieser kontrollierten Hunde kann nun ein unkontrollierter Hund gegeben werden. Die erfahrenen Hunde können dabei geschnallt bleiben, das bedeutet, dass keine Leine vonnöten ist. Der Hund, der den Umgang mit anderen Hunden noch lernen muss, muss allerdings an der Leine bleiben, da es ansonsten zu Verletzungen kommen könnte. Das Ziel ist es, dass der Hund bemerkt, dass die anderen Hunde sich reichlich wenig für ihn interessieren und auch keine Gefahr darstellen. Der eigene Hund wird nicht nur bellen, sondern vermutlich auch knurren und erst recht am Geschirr ziehen. Hier ist es wichtig, darauf zu achten, dass dies erlaubt ist. Es handelt sich um eine Übung, in der der Hund bemerken soll, dass jegliche Bemühungen nicht helfen und es keinen Unterschied macht, ob er nun ruhig bleibt oder so stark er kann am

Geschirr zieht. Gleichermaßen wichtig ist, dass der Hundehalter keine Reaktionen zeigt und das so lange, bis der Hund sich aus eigener Kraft selbst erschöpft hat und somit automatisch ruhiger wird. Nicht nur können Ängste überwunden werden, sondern auch das allgemeine Sozialverhalten kann verbessert werden.

Disziplinlosigkeit, Bellen & aggressives Verhalten

Die Verbesserung des Sozialverhaltens kann in vielen Szenarien weiterhelfen, doch nicht immer reicht dies aus. Es kann immer noch zu aggressivem Verhalten trotz Gewöhnung an eine gewisse Situation kommen. Hierbei ist es wichtig, so schnell wie möglich einzugreifen, und im Falle von Hunden kann dies Momente vor dem eigentlichen Ausbruch getan werden.

Nicht selten kommt es bei Hunden zu Verhaltensauffälligkeiten. So können sich die Ohren spitz aufstellen und der Hund verfällt in eine Starre, das Rückenfell stellt sich genauso wie die Rute auf, das Maul wird geöffnet und die Zähne werden gezeigt und es wird kein Blickkontakt gebrochen. Besonders auf Letzteres ist zu achten.

Ist der Halter des Hundes schnell genug und bemerkt eines dieser Anzeichen, kann eingegriffen werden. Hierbei ist es wichtig, dass andere Hundehalter über die Nichtfreundlichkeit des Hundes informiert werden. Der Hund wird erst in eine Starre verfallen, bevor es zu einem »Angriff« kommt. Das beinhaltet unter anderem die Tatsache, dass besagter Hund nicht einfach so weggezogen werden kann. Hunde können schwer sein und stemmen sich zudem gegen das Geschirr, welches sie an Ort und Stelle hält. Stattdessen sollte dafür gesorgt werden, dass der Blickkontakt unterbrochen wird. Hierzu kann sich der Halter vor seinen Hund stellen, damit sich dieser nicht mehr auf den anderen Hund fokussieren kann. Zudem ist das eigenständige Aufnehmen von Augenkontakt sehr wichtig. Gleichzeitig kann die Zeit genutzt werden, um den Hund anzuleinen, sollte er geschnallt gewesen sein.

Hier kann sehr gut mit Spielzeugen gearbeitet werden, die die Aufmerksamkeit des Hundes auf sich ziehen. Doch am wichtigsten ist, dass der Besitzer ruhig bleibt und keine Nervosität zeigt, denn dies färbt nicht nur auf den Hund ab, sondern es zeigt zudem den Verlust von Kontrolle. Indem der Besitzer ruhig und bestimmt bleibt, kann dem eigenen Hund gezeigt werden, dass der Hund selbst keine Angst zu haben braucht beziehungsweise nicht reagieren muss und gleichzeitig auch, dass sich sein Herrchen nicht in Gefahr befindet. Der Hund wird hin und wieder zum Halter hinauf sehen, um sich dahingehend zu vergewissern.

Um eine solche Situation bewältigen zu können, wird daher mit kontrolliertem Stehenbleiben gearbeitet, das heißt, dass so lange gewartet wird, bis ein fremder Hund oder ein fremdes Tier nicht mehr in der Sichtweite des eigenen Hundes ist. Der Hund wird sich daraufhin schnell beruhigen und vergessen, dass es jemals eine Ursache zum Aufregen gegeben hat. Dennoch muss ein wenig gewartet werden, denn sollte der fremde Hund gerade erst aus der Sichtweite verschwunden sein, kann es dazu kommen, dass der eigene Hund ihm hinterherrennt, sollte er zu früh geschnallt werden. Zudem ist es wichtig, dass im Nachhinein ausgiebig mit dem Vierbeiner gespielt wird. Dies ist deshalb so wichtig, da die Aufmerksamkeit wieder zurück auf den Besitzer gezogen werden muss, und gleichzeitig kann sich der Hund eigenständig erschöpfen. Hunde, die aufgrund der Erschöpfung in der Gegenwart leben, zeigen weniger negative Reaktionen.

Wer mit einem besonders aggressiven Hund trainiert, der kann durchaus mit einem Maulkorb trainieren.

Trotz eines Maulkorbes kann der Hund dennoch bellen. Es ist nicht zu vergessen, dass Bellen natürlich ist und der Kommunikation zwischen Hunden dient. Es ist ihre Sprache, weshalb gelegentliches Bellen nicht bestraft werden sollte. Es kann jedoch zu unerwünschtem beziehungsweise aggressivem Bellen kommen, welches sich fernab der reinen Kommunikation bewegt. Hier ist es wichtig, darauf zu achten, welche Rasse der eigene Hund ist. Manche Hunderassen, Jagdhunde unter anderem, wurden explizit darauf gezüchtet, besonders laut zu bellen. Einen solchen Hund zu kontrollieren, beispielsweise in einer kleinen Wohnung, ist beinahe unmöglich.

Handelt es sich nicht um ein angezüchtetes Jagdverhalten, dann hat lautes Bellen immer einen Grund. So kann es ein Ruf nach Aufmerksamkeit sein, das Kundtun der Einsamkeit oder Langeweile, Nervosität, Aufregung, Angst, Schmerzen und Unsicherheit oder auch der Wunsch nach körperlicher Entlastung. Auch kommt es zum unterbewussten Antrainieren aufgrund der Spiegelung des Verhaltens des Besitzers. Wie beim Menschen können sich bis zu sieben Reaktionen zeigen: Trauer, Verzweiflung, Ungeduld, Empörung, Langeweile, Wut und Freude. Wächst der Hund in einem Umfeld auf, in dem es zu besonders starken Emotionen kommt, wie das laute Erheben der Stimme in Fällen von Wut, wird dies kopiert.

Sollte es sich nicht um angezüchtetes Jagdverhalten handeln, dann kann lautes, unerwünschtes Bellen abgewöhnt werden, und zwar durch simples Ignorieren. Wenn ein Hund zu bellen beginnt, reagieren viele Besitzer mit einem lauten Ausruf, damit der Hund sein Bellen unterlässt. Es kommt zu einer Vokalisierung, welche das Verhalten des Hundes bekräftigt. Gleichzeitig ist es genauso wichtig, dass Hunde nach dem erfolgreichen Beruhigen nicht belohnt werden. Dies würde das Verhalten ähnlich verstärken.

Nicht immer hilft Ignorieren weiter. Stattdessen muss aktiv die Ursache gefunden werden. Die Ursachen können zum Beispiel Trennungsängste sein, wenn der Hund alleine zu Hause gelassen wird, oder es kann zu lautem Bellen innerhalb der Wohnung kommen, wenn der Besitzer direkt daneben ist, sollte der Hund ein lautes Geräusch von draußen hören. Die Ursachen sind beinahe endlos. Mit dem Lieblingsspielzeug des Hundes kann hier gut gearbeitet werden.

Auch ein Unterlassungskommando kann sehr hilfreich sein. Wie bei jedem anderen Kommando hilft hier ein simples Training, im Rahmen dessen das gewünschte Verhalten belohnt wird.

Nicht zu vergessen ist allerdings, dass die Sturheit bei Hunden ähnlich groß ist, wie bei manchen Menschen. Ein Hund kann einfacher erzogen werden als ein Mensch, doch nicht immer hat das Nichtbefolgen von Anweisungen Sturheit zu bedeuten. Nicht nur bei lautem Bellen gibt es einen Grund, sondern auch bei dem Nichtbefolgen von Kommandos. Meist kommt es zu einer Misskommunikation zwischen Mensch und Hund. Es kann manchmal so aussehen, als würde der Hund bereits ein Kommando auswendig können, doch dies ist eigentlich nicht der Fall. Kommandos sollten daher durch konstante Repetition verinnerlicht werden, selbst nach Monaten und Jahren. Doch bei erfahrenen Hunden und Hunden, die normalerweise sehr genau auf das Wort ihrer Besitzer hören, kann es zu Ungehorsam kommen. Dies kann damit verbunden werden, dass der Hund keinen Nutzen in seinem Gehorsam sieht; es lohnt sich nicht für ihn.

Hunde stellen Lebewesen dar, die sich dem Menschen zwar freiwillig unterwerfen, doch immer noch Lebewesen mit aktiven Instinkten darstellen. Ähnlich wie Menschen besitzen sie eine »Frusttoleranz«. Diese Frusttoleranz gleicht der Toleranz eines Kleinkindes: Es kommt zu Frustrationen, wenn etwas nicht schnell genug geht oder manche Aufgaben zu schwer sind. Eine solche Frustration kann sich in Sturheit und Disziplinlosigkeit zeigen. Es ist wichtig, dass hier mit Geduld gearbeitet wird und weiterhin mit konstanter Wiederholung. Gleichzeitig ist es wichtig, eine Routine aufzubauen und Verhaltensweisen nicht zu ändern. Hunde sind Gewohnheitstiere.

Um das allgemeine Lernverhalten und den Gehorsam zu steigern, kann der Anreiz gesteigert werden. Aufgrund jahrelanger Züchtung sind viele Hunderassen darauf gezüchtet worden, selbstständig zu agieren. Sie unterwerfen sich nur dann, wenn es sich für sie lohnt. Aufgrund dessen können die meisten Hunde mit Anreizen gelockt werden. Leckereien funktionieren hierbei ausgezeichnet. Der Gehorsam lohnt sich aufgrund der Belohnung mehr als die Eigenständigkeit ihrer Sturheit.

Kommt es zu häufigem Zurückfallen in Sturheit, dann kann der Grund hierfür sein, dass der Hund sich nicht genug bewegen konnte und einen unausgelasteten Drang zur Bewegung hat. Nicht nur kommt es zu Sturheit, sondern auch zu anderen, unerwünschten Verhaltensweisen. So kommt es nicht selten vor, dass Teppiche oder Schuhe zerbissen werden, wenn dem Bewegungsdrang nicht nachgekommen werden konnte. Aufgrund dieser allgemeinen Unruhe kann es zu winselnden Geräuschen kommen oder gar zum Knabbern an den Pfoten. Um dies zu vermeiden, sollte der Hundehalter die Rasse seines Hundes recherchieren und herausfinden, wie viel Auslauf die Hunderasse braucht. Hier ist es wichtiger, auf die Hunderasse zu achten anstatt auf den individuellen Hund, da sich ihre Ausdauer in ihren Genen befindet und sich nicht von einem Hund zum nächsten unterscheidet.

STUBENREINHEIT IN WELPEN UND HUNDEN

Zu der Erziehung eines jeden Hundes gehört zudem die Stubenreinheit. Sollte ein Welpe nicht früh genug trainiert werden, dann kann es für den späteren Besitzer nicht nur sehr lästig werden, sondern zudem auch unangenehm aufgrund von viel Aufwand und unangenehmen Gerüchen.

Hunde sind Gewohnheitstiere, sie reagieren sehr gut auf eine Routine. Dazu zählt auch die innere Uhr und damit die Funktion der Organe. Deswegen ist das Aufrechterhalten einer Morgenroutine sehr wichtig. Besagte Morgenroutine kann nicht nur bei Welpen angewandt werden, sondern auch ausgewachsenen Hunden kann noch immer die Stubenreinheit beigebracht werden.

Das Aufrechterhalten einer Morgenroutine beinhaltet, dass der Hund nach dem Fressen entweder in einen Garten gebracht wird oder dass es zu einem morgendlichen Spaziergang kommt. Es sollte sofort dazu kommen, denn der Darm eines Hundes ist deutlich kürzer als der Darm eines Menschen, weshalb es schneller zu einer Entleerung kommt. Damit es zu keiner Überforderung kommt, sollte dem Hund ein bestimmter Bereich gegeben werden. Nicht selten weisen sich Hunde diesen Platz selbst zu – dort, wo es sich eben am besten anfühlt. Gleichzeitig bringt das Öffnen der Tür eine Aufgabe mit sich, so kann Überforderung gelähmt werden. Nach einigen Jahren ist die Routine gefestigt genug, so dass manche Hunde nur Sekunden brauchen, um ihren Darm entleeren zu können. Wird die Routine gerade erst trainiert, wird es allerdings einige Minuten dauern. Vor allem bei den ersten Malen ist der Hund sich oft nicht sicher, was er nun machen soll. Hunde können nicht von Geburt an auf Kommando ihr Geschäft verrichten. Es braucht daher eine erneute Belohnung, wenn der Hund nach seinem verrichteten Geschäft wieder zur Tür hereinkommt.

Die allgemeine Stubenreinheit wird einige Wochen dauern. Mehrmals täglich sollte dem Hund die Möglichkeit gegeben werden, sich zu erleichtern. Bei einem jungen Hund sollte dies alle zwei Stunden geschehen. Hat sich die Stubenreinheit eingeprägt, dann kann darauf verzichtet werden; dreimal am Tag reicht bei älteren Hunden aus. Voraussetzung dafür ist, dass sie ihren Darm kontrollieren können.

Es ist wichtig, dass der Hundehalter konsequent bleibt. Es wird nicht sofort zu Erfolgen kommen und es kommt zudem darauf an, in welchem Alter sich der Hund befindet. Bei Welpen dauert es nur wenige Wochen, bis die Stubenreinheit sitzt, bei älteren Hunden, die erst spät ein geeignetes Zuhause finden, kann es sich manchmal um Monate handeln und auch danach kann es weiterhin zu Unfällen kommen, welche nicht bestraft werden sollten, denn sie sind eben genau das: Unfälle. Zudem sollte sich bei Unfällen nicht von der Routine abgewandt werden.

Bei Hunden kann bereits Minuten zuvor erkannt werden, ob sie den Drang haben, vor die Tür zu gehen. Es kommt zu verschiedenen Verhaltensweisen, beispielsweise werden Hunde schnell unruhig. Sie können sich im Kreis drehen, nach einer geeigneten Stelle innerhalb der Wohnung suchen oder unsicher hin und her schauen. Hin und wieder kann es zudem auch dazu kommen, dass sich diese Anzeichen in jungen Hunden zeigen, diese daraufhin vor die Tür gelassen werden und dann nichts passiert. Dies kommt daher, dass es bei jungen Hunden schnell zu

Reizüberflutungen kommen kann. Sie sind von der Natur überwältigt, von all den neuen Gerüchen und Geräuschen; sie vergessen schlichtweg, dass sie ihren Darm und ihre Blase entleeren müssen. Hier muss mit Geduld gewartet werden, bis die jungen Hunde sich beruhigt haben und die Reizüberflutung nachlässt.

Die Stubenreinheit ist nicht mit dem Kistentraining zu verwechseln. Bei dem Kistentraining handelt es sich um das Welpentraining direkt nach der Geburt. Das Wort »Kiste« bezieht sich dabei auf eine Kiste, die im Laufstall platziert wird. Die ersten Wochen bleiben die Welpen bei der Hündin in einem Laufstall und können sich dort frei bewegen. Sie können ihre Blase noch nicht kontrollieren und können ihren Schlafbereich und den Schlafbereich der Mutter verschmutzen. Dies ist vor allem für die Hündin unangenehm, welche nach dem Welpenwurf geschwächt ist. Um dies zu verhindern, wird eine separate Kiste in den Laufstall gestellt, in welcher sich Katzenstreu befindet oder die mit Papierhandtüchern ausgelegt ist. Sollte der Besitzer der Welpen bemerken, dass einer der Welpen unruhig ist und Anzeichen bezüglich des Verrichtens des Geschäfts zeigt, sollte er hochgehoben und vorsichtig in die Kiste gesetzt werden. So gewöhnen sich die Hunde bereits im Welpenalter daran, dass es für ihr Geschäft einen zugewiesenen Ort gibt.

DIE ALLGEMEINE TRAININGSAUSRÜSTUNG

Wenn es um die Ausrüstung des Hundes geht, sollte auf Qualität geachtet werden. Die Lebensspanne eines Hundes beträgt zwischen zehn und 15 Jahren. Im Bestfall sollte die Ausrüstung diese Lebensspanne überleben können. Natürlich müssen einige Dinge recht häufig ausgetauscht werden, wie das Spielzeug beispielsweise. Leinen, Halsbänder und Futternäpfe dagegen können mit den richtigen Materialien jahrelang halten.

Hin und wieder kann es in der allgemeinen Trainingsausrüstung durchaus recht kostspielig werden. Dies liegt vor allem daran, dass es einiger Gegenstände bedarf, die in einer Hundeausbildung nicht fehlen dürfen. Wenn es um die Grundausbildung geht, braucht es dagegen beinahe keinen Aufwand und auch kaum Kosten.

Wenn es um die Anschaffung eines Hundes geht, dann sollte sich jeder potenzielle Halter darüber im Klaren sein, dass es sich bei der Aufnahme eines Lebewesens um eine kostspielige Angelegenheit handelt, besonders dann, wenn der Hund in speziellen Gebieten eingesetzt werden soll. Natürlich spielt die Präferenz des potenziellen Halters eine große Rolle, doch grundsätzlich kann gesagt werden, dass sich die Aufnahme eines Hundes in einem vierstelligen Kostenbereich bewegt. Dabei handelt es sich allein um die Aufnahme aus einer hochwertigen Zucht. Wer gedenkt, mit einem Tierheim zusammenzuarbeiten, der bewegt sich in einem dreistelligen Bereich. Dazu kommt, dass ein Hund eine komfortable und sichere Unterkunft braucht. Hierfür braucht es Hundebetten, Trink- und Futternäpfe, die Auswahl zwischen Geschirr und Leine, Halsbänder, welche bequem sitzen, und ausgiebiges Spielzeug, denn ein Halter sollte niemals vergessen, dass Hunde ein unfassbares Bewegungslevel haben und so viel mehr Bewegung brauchen als ein Mensch. Mit Spielzeugen kann hier sehr gut gearbeitet werden – zumal ein erschöpfter Hund besser auf Kommandos hört. Trotz alldem kann im Rahmen der täglichen Spaziergänge beispielsweise auch auf Holzstöcke zurückgegriffen werden.

Beachtet werden sollte zudem, dass verschiedene Hunderassen verschiedene Versicherungen brauchen. Dazu kommen die Kosten für Tierarztbesuche und bevorstehende chirurgische Eingriffe. Beispiele sind hier die Kastration und Sterilisation. Zudem kann es je nach Einsatzgebiet dazu kommen, dass manche Hunde gechippt sein müssen. Bei vielen dieser Zahlungen handelt es sich um Einmalzahlungen.

Innerhalb der eigentlichen Ausbildung kann auf die meisten Gegenstände verzichtet werden. Wer Kommandos verinnerlichen möchte, der kann mit günstigen Belohnungen aus dem Supermarkt arbeiten. Auch auf eine hohe Qualität ist bei kleinen Belohnungen nur selten zu achten. Innerhalb des Klickertrainings kann auch mit einem Plastikklicker gearbeitet werden, welcher nicht viel kostet. Wer etwas mehr Geld investieren kann, der sollte sich für eine hochwertige Hundepfeife entscheiden, welche jahrelang hält, da das Einsetzen von Pfiffen in einigen Einsatzgebieten sehr wichtig ist.

Bei der Auswahl der Ausrüstung handelt es sich um einen »Trial-and-Error«-Prozess. Das bedeutet, dass es unausweichlich zu Fehlkäufen kommen wird. Jeder Mensch und damit jeder Hundehalter hat eine andere Präferenz. Manch ein Hundehalter präferiert ökologisch nachhaltige Stoffe, andere bevorzugen es, wenn die Leine und das Halsband des Hundes aus biologisch verwertetem Leder sind. Gleichzeitig wird jeder eine andere Meinung bezüglich der Hundefreundlichkeit von manchen Produkten haben, da es zu unterschiedlichen Erfahrungen kommt. Doch um eine eigene Präferenz zu bilden, braucht es genau das: Erfahrung. Sowohl die Recherche gehört dazu als auch der Fehlkauf von einigen Produkten, denn letztendlich muss sich auch der Hund wohlfühlen. Nicht jeder trägt gerne ein Geschirr, andere ziehen so stark an der Leine, dass es ein Geschirr braucht, um den Hals nicht zu verletzen. Dazu kommt, dass manche Stoffe für Hunde genauso unangenehm sind wie für den Menschen, beispielsweise, wenn sie kratzen.

Sowohl im Internet als auch in Läden können die richtigen Produkte gefunden werden, zumal es viele Menschen gibt, die professionelle Hilfe leisten können, und dies sogar äußerst gerne.

Das nächste Kapitel soll die Schlittenfahrt als Hundesportart behandeln. In diesem Kapitel soll auch die für die Schlittenfahrt spezifische Ausrüstung beschrieben werden.

HALSBAND ODER BRUSTGESCHIRR?

Dieses Kapitel befasst sich mit der oft gestellten Frage, ob Sie lieber zu einem Halsband oder zu einem Brustgeschirr greifen sollten. Dabei werden beide Hilfsmittel aus einem neutralen Blickwinkel miteinander verglichen.

Setzen Sie sich bitte auch mit diesem Thema etwas auseinander, bevor Sie sich für das eine oder andere entscheiden, denn eine gute Handhabung des Hundes beim Spazierengehen ist sehr wichtig. Sie ist nicht nur für die Sicherheit anderer Hunde und Spaziergänger, denen Sie auf dem Weg begegnen, relevant, sondern auch für die Sicherheit Ihres Hundes. Hunde verstehen die komplizierten Regeln, die in unserem Straßenverkehr gelten, nun einmal nicht. Ihr tierischer Begleiter ist aus diesem Grund sehr darauf angewiesen, sicher von Ihnen geführt zu werden, und dazu gehört auch das Führen an der Leine gerade innerhalb von Städten und an befahrenen Straßen. Beginnen wir also mit dem klassischen Hilfsmittel der Hundeführung, dem Halsband. Der häufigste Kritikpunkt an Halsbändern ist, dass so ein Halsband für den Hund sehr unangenehm zu tragen sein kann. Durch eine gute Qualität des Halsbands und eine angemessene Größe lässt sich solch ein unangenehmes Tragegefühl aber eigentlich in jedem Fall vermeiden. Sollte Ihr Hund sehr stark dazu neigen, an der Leine zu ziehen, hilft jedoch auch ein perfekt sitzendes Halsband nicht. Im Falle des chronisch ziehenden Hundes kann der dauerhafte Druck auf den Kehlkopf und die Luftröhre zu gesundheitlichen Problemen führen. Unabhängig davon, ob Sie vorhaben, ein Halsband zu verwenden oder nicht, sollten Sie mit Ihrem Hund die Leinenführigkeit intensiv üben, denn es ist nie gut, wenn ein Hund ständig an der Leine zieht, auch nicht für den Halter. Um ein gut sitzendes Halsband auszusuchen, müssen Sie eigentlich auch nicht allzu viel beachten. Das Halsband darf nicht zu dünn sein, denn dann schnürt es ein und verursacht Schmerzen. Eine Faustregel ist, dass das Halsband mindestens so breit wie die Nase des Hundes, der es trägt, sein muss. Außerdem sollten Sie zwei Finger unter das Halsband schieben können, wenn es angelegt ist, um zu gewährleisten, dass es nicht zu eng sitzt. Zu weit darf es allerdings auch nicht sein, sonst besteht die Gefahr, dass der Hund den Kopf aus dem Halsband zieht und sich so von der Leine befreit. Besprechen Sie sich beim Kauf eines Hundehalsbandes immer mit dem Fachpersonal. Am besten nehmen Sie den Hund mit in den Laden und lassen das Halsband direkt anpassen. Sollte der Hund aus irgendwelchen

Gründen nicht mitkommen, dann informieren Sie den Verkäufer auf jeden Fall über die Rasse und das Alter des Hundes. Geeignete Materialien für Hundehalsbänder sind Leder, Stoff oder eine Neoprenunterfütterung. Ein Kettengliederhalsband ist keine Option und definitiv Tierquälerei. Das Tragen eines solchen wird immer dazu führen, dass Ihr Hund Schmerzen durch Einschnürungen und eingeklemmte Haare erleidet. Verkäufer, die Ihnen zu solch einem Halsband raten, sind unseriös.

So viel zum Halsband, nun zum Brustgeschirr. Bei einem Geschirr ist der Druck besser verteilt, weshalb das Tragen eines gut sitzenden Geschirrs meist angenehmer für den Hund ist als das eines Halsbandes. Für einen guten Sitz sollten Sie darauf achten, dass die Gurte nicht unter die Achseln des Hundes rutschen. Sonst kann der Gurt beim Laufen scheuern. Die Hauptbelastung wirkt in der Mitte der Brust auf das Geschirr, deswegen sollte diese Stelle eine zusätzliche Polsterung haben. Diese Polsterung verhindert, dass ein für den Hund unangenehmer Druck im Brustbereich entsteht. Auch die Bewegungsfreiheit der Schultern des Hundes muss gewährleistet sein und darf nicht durch Gurte beeinträchtigt werden.

Nun wissen Sie im Groben, worauf Sie beim Kauf von Halsbändern und Brustgeschirren achten müssen. Wofür Sie sich am Ende entscheiden, sollten Sie nicht von der Ästhetik des jeweiligen Hilfsmittels abhängig machen, sondern von den Bedürfnissen und dem Verhalten Ihres Hundes. Es ist ohnehin sinnvoll, beides zu erwerben und den Hund auch an beides zu gewöhnen. Mit der Zeit werden Sie dann schon merken, womit er sich wohler fühlt.

DIE WAHL DER RICHTIGEN LEINE

Wie auch bei der Frage, ob Sie zu einem Halsband oder zu einem Geschirr greifen sollten, liegt die Entscheidung hinsichtlich einer geeigneten Leine letzten Endes bei Ihnen. In diesem Kapitel erfahren Sie, welche Arten von Leinen es gibt und was diese auszeichnet. Es kann nicht schaden, mehrere verschiedene Leinen zu probieren und erst danach zu entscheiden, welche Leine für Sie die richtige ist. Achten Sie beim Kauf des Geschirrs darauf, dass sich die Schulterblätter frei bewegen können und nichts an den Achseln scheuert. Der Brustbereich soll breit gepolstert sein. Kaufen Sie das Geschirr sofort nach dem Einzug des Welpen, wenn Sie keine Möglichkeit haben, vorher den Sitz des Teils zu prüfen.

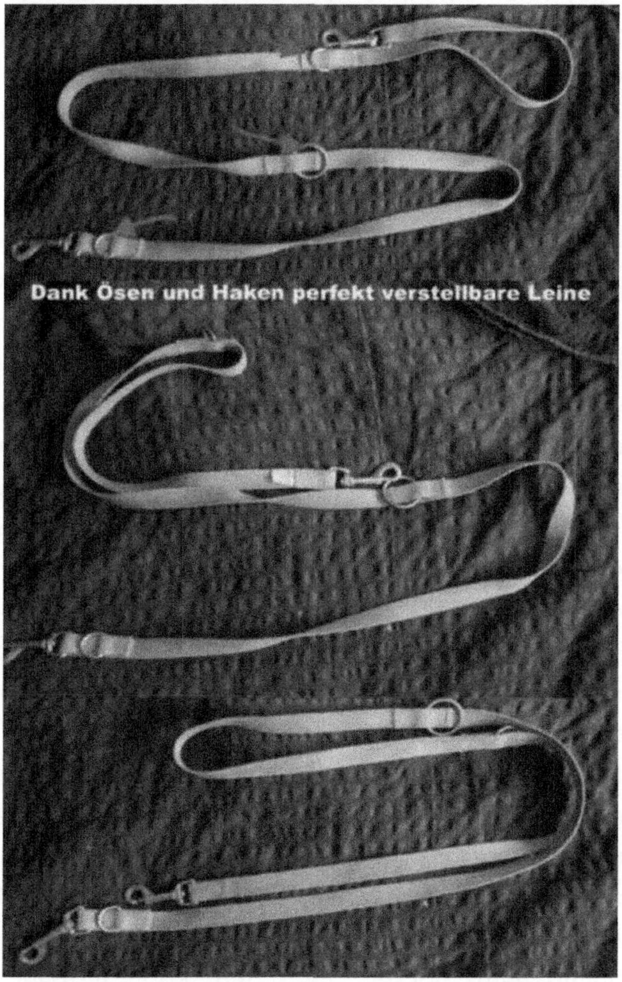

Unsere Leine, ®rgladel

Die „Alltagsleine", auch Führerleine genannt, ist die klassische Form der Hundeleine. Sie ist etwa 1 bis 2 Meter lang und wird üblicherweise an einem Halsband oder Geschirr befestigt. Diese Leinen können aus Leder oder Kunststoff sein und verschiedene Dicken haben. Solch eine Leine sollte sich im Besitz von jedem Hundebesitzer befinden, denn damit können Sie die Leinenführigkeit des Hundes am besten üben. Die Alltagsleine gibt Ihnen eine gute Kontrolle über den Hund. Je größer der Hund, desto dicker und schwerer darf auch die Leine sein. Einen kleinen Hund wird eine schwere Leine beim Gehen stören, kaufen Sie für einen kleinen Hund also auch nur eine dünne Leine. Auf im Handel erhältlichen Leinen finden Sie in der Regel Angaben zum Gewicht des Hundes.

Die „Flexileine" ist eine sehr dünne Leine, welche auf einer Spule aufgewickelt ist, die sich in einem Gehäuse mit Handgriff befindet. Sie kann, voll ausgerollt, eine Länge von bis zu 10 Metern haben. Am Gehäuse befindet sich ein Knopf, mit dem man das Abrollen stoppen und die Leine auch wieder zurück in das Gehäuse rollen lassen kann. Die Folge daraus ist, dass die Flexileine immer auf Spannung ist. Nicht ohne Grund steht diese Art der Leine deswegen in der Kritik. Der Hund lernt, dass er an der Leine ziehen muss, denn sonst rollt sich die Leine nicht weiter ab. Außerdem ist diese Leine für größere Hunde, die eine entsprechend größere Zugkraft haben, vollkommen ungeeignet. Der Feststellmechanismus kann nur einer geringen Kraft entgegenwirken. Bei einem großen Hund besteht also immer die Gefahr, dass der Mechanismus versagt und der Hund oder seine Umgebung dadurch in eine gefährliche Situation geraten. Außerdem haben Sie als Halter kaum Kontrolle über den Hund.

Die „Retrieverleine" ist eine besondere Art von Leine, welche ganz ohne Halsband und Geschirr auskommt. Bei der Retrieverleine ist das Halsband nämlich sozusagen in die Leine eingebaut. An dieser Leine befindet sich an jedem Ende eine, meist größenverstellbare, Schlaufe, eine zum Festhalten und am anderen Ende eine, die das Halsband ersetzt. Die Halsbandschlaufe wird locker über den Kopf gezogen und sitzt dementsprechend deutlich weniger sicher als ein richtiges Halsband. Somit fallen natürlich die Vorteile des Halsbandes, wie beispielsweise, dass der Hund sich daraus nicht ohne weiteres befreien kann, weg. Eine Retrieverleine ist jedoch eine tolle Wahl, wenn Ihr Hund sehr gut bei Fuß geht und nicht zu Panikreaktionen neigt.

Die „Schleppleine" wird für die Outdoor-Erziehung des Hundes genutzt. Sie eignet sich eher weniger für die Verwendung während eines normalen Spaziergangs. Eine Schleppleine ist sehr lang, um dem Hund möglichst viel Spielraum zur Bewegung zu geben, ohne dass er unkontrolliert die Flucht ergreifen kann. Dadurch können Sie mit Ihrem Hund draußen trainieren und spielen, ohne den Hund oder andere zu gefährden. Auch bei der Schleppleine gilt, dass Sie umso dicker sein sollte, je größer der Hund ist. Sie können außerdem eine Schleppleine mit oder ohne Handschlaufe wählen, je nachdem, ob Sie die Leine beim Training oft in der Hand halten wollen oder den Hund lieber am Weglaufen hindern möchten, indem Sie einen Fuß auf das Leinenende stellen. Der Vorteil einer schlaufenlosen Leine ist, dass sie sich nicht unerwartet verfangen kann.

Die „Hausleine" hat im Prinzip die gleiche Funktion wie die Schleppleine, nur dass sie innerhalb der Wohnung verwendet wird. Mit ihr können Sie Übungen innerhalb des Hauses durchführen und den Hund beispielsweise an seinen Platz führen, wenn er dort warten soll. Das ist zum Beispiel nützlich, wenn Sie das Begrüßen von Besuchern üben. Wenn ein Hund in einem Haushalt lebt, sollte er nämlich nie der erste sein, der Besucher Zuhause begrüßt. Stattdessen muss er lernen, an einem bestimmten Platz zu warten, bis der Besuch von einem anderen Haushaltsmitglied begrüßt und hineingelassen wurde. Erst dann darf der Hund den Besuch auch begrüßen. So eine Hausleine ist auch sehr praktisch in der Welpenerziehung, da Sie mithilfe der Hausleine sehr schnell nach draußen gelangen und so die Stubenreinheit des Hundes fördern können.

Die sogenannte „Joggingleine" ist ein praktisches Hilfsmittel für Sportbegeisterte. Man bindet sie sich einfach um die Hüfte, leint den Hund mit dem Karabiner an und schon hat man die Hände frei fürs Joggen. Der eingebaute Stoßdämpfer sorgt für zusätzlichen Komfort beim Hund und beim Halter. Um eine Joggingleine zu verwenden, sollte der Hund bereits sehr gut an der Leine gehen können und sich für derartige Aktivitäten begeistern.

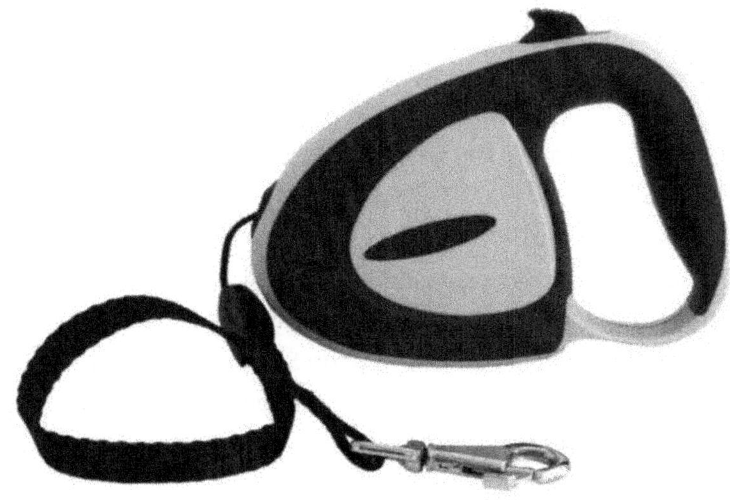

Solche Automatikleinen machen sich nicht so gut.

Besser ist eine solide Leine.

Ziehen an der Leine

Auch diese Unsitte basiert auf Fehlern bei der Erziehung des Welpen. Vielleicht haben Sie auch eine Flexileine (Automatikleine) benutzt, weil Sie dachte, damit dem Hund mehr Bewegungsfreiheit einzuräumen. Jetzt hilft nur noch ein gezieltes Training mit einer etwa zwei Meter langen verstellbaren Leine. Es ist völlig sinnlos, mit Gegenzug zu arbeiten oder gar einem scharfen Ruck an der Leine zu benutzen. Das spornt Ihren Hund eher an noch fester zu ziehen. Versuchen Sie zunächst einfach stehen zu bleiben. Rufen Sie den Hund zu sich. Lassen Sie ihn nun einige Minuten bei Fuß gehen. Sofern Sie konsequent immer auf diese Weise reagieren, wenn der Hund zieht, lässt er es vermutlich. Er lernt, dass das Ziehen eine Disziplinübung auslöst und ihm keine Vorteile bringt.

Wenn dies nicht nützt, hilft die nachfolgend gezeigte Methode. Sie ermöglicht Ihnen für den Hund überraschend vor ihm aufzutauchen. So haben Sie Blickkontakt und können ihn leicht beeinflussen. Dies ist wichtig, wenn Sie bei einer Begegnung zweier Hunde eingreifen müssen.

Üben Sie die Bewegungsabläufe zunächst ohne Hund, denn sie müssen flüssig und ohne zerren an der Leine ablaufen. Befestigen Sie die Leine an einem Gegenstand und halten Sie diese an der Schlaufe straff gespannt.

Machen Sie einen Schritt in Richtung der Leine und drehen Sie sich dabei halb auf die Leine zu und greifen Sie diese mit der freien Hand. Die Spannung muss unverändert bleiben. Sie halten nun die Leine vor Ihrem Körper mit beiden Händen.

Drehen Sie sich weiter in diese Richtung und wickeln Sie dabei die Leine um Ihren Körper. So nähern Sie sich dem Befestigungspunkt, ohne die Spannung der Leine zu verändern. Das ist sehr wichtig, denn später ist die Leine am Hund befestigt. Dieser darf nicht merken, dass Sie sich ihm nähern.

Unser kleiner Leinentrick, ®rgladel

Mit der nächsten halben Drehung stehen Sie vor dem Fixpunkt der Leine. Sobald Sie die Bewegungsabläufe beherrschen, führen Sie diese aus, wenn der Hund wieder zieht. Er ist es bereits gewohnt, dass Sie stehen bleiben. Aber dieses Mal rufen Sie ihn nicht, sondern tauchen unvermittelt vor ihm auf. Wickeln Sie die Leine vom Körper und gehen Sie weiter, als sei nichts geschehen.

BELOHNUNGEN UND LECKERLIS

Belohnungen in Form von Streicheleinheiten, lieben Worten, des Lieblingsspielzeuges oder besonderen Leckerlis sind während der Ausbildung eines Hundes von größter Wichtigkeit. Ein Hund ist bestechlich und wenn er einen Vorteil für sich selbst ziehen kann, wird er für eine entsprechende Belohnung auch das erwünschte Verhalten zeigen.

Je mehr Sie mit solchen sogenannten positiven Verstärkern arbeiten, desto besser können Sie eine Bindung zu Ihrem Hund aufbauen. Ihre Fellnase merkt sich schnell, dass es bei Ihnen immer etwas Leckeres zum Naschen gibt und es sich deshalb für sie lohnt, zu Ihnen zu kommen oder anderweitig Ihre Kommandos zu befolgen. Eine Belohnung muss nicht zwingend aus einem Leckerli bestehen. Viele Hunde mögen gar nicht so viele Naschereien und geben sich mit Streicheleinheiten oder dem Lieblingsspielzeug zufrieden. Auch ein ausgiebiges Toben über ein Feld kann für das Tier eine Belohnung darstellen. Sollten Sie aber mit Leckerlis arbeiten, was am wahrscheinlichsten der Fall sein wird, müssen Sie auch die Futterration Ihres Hundes überdenken. Wenn Sie ihn nun nach der Fütterungsempfehlung des Herstellers weiterfüttern, kann es schnell zu Übergewicht und entsprechend zu anderen gesundheitlichen Problemen kommen. Ziehen Sie also die Leckerlis vom Futter ab bzw. verkleinern Sie die Portionen. Haben Sie aber immer den Gesundheitszustand Ihres Lieblings im Auge und kontrollieren Sie auch gerne einmal sein Gewicht, denn er soll natürlich auch nicht dünner werden.

DIE GESTIK UND MIMIK DES WELPEN

Die Hunde- und Körpersprache von seinem Hund zu deuten, kann mitunter sehr spannend und interessant sein. Dadurch hat man die Möglichkeit, seinen Hund in den verschiedensten Situationen gut einzuschätzen und kann entsprechend vorausschauend agieren. Die Fachliteratur bietet zu dem Thema ausreichend Material oder man besucht einmal eine Hundeschule, in der man angeleitet wird und sich immer wieder rückversichern kann. Der Hund hat keinerlei aggressive Züge an sich, vielmehr ist er sehr gescheit, lieb und immer bereit, Neues zu lernen. Aus diesen Gründen ist es auch nicht sonderlich schwer, diese Rasse zu erziehen. Wie bei jedem anderen Hund auch, sollte darauf geachtet werden, dass er regelmäßigen Kontakt zu anderen Hunden hat. Eine gute Sozialisierung ist äußerst wichtig. Ist er im neuen Heim eingezogen, sollte er liebevoll in den Alltag integriert werden und mit anderen im Haus lebenden Tieren und den Kindern bekannt gemacht werden. Für seine Entwicklung ist es bedeutungsvoll, dass er überwiegend gute Erfahrungen macht. Die Zeit, die man mit seinem neuen Liebling verbringt, wird sich später auszahlen. Welpen verfügen über eine Vielfalt an Gestiken, um sich – nicht nur – unter den Artgenossen bemerkbar zu machen. Nicht nur die Gestik, Körpersprache haben sie gut drauf, sondern auch das Mienenspiel, welches sie für die Kommunikation mit anderen Hunden nutzen. Dadurch zeigen sie, dass sie Hunger haben, Verängstigt sind oder Zuneigung einfordern. Blickt der noch kleine Hund ganz starr in eine Richtung und sind die Pupillen verengt, ist dies eine Drohgebärde. In der Hundewelt spricht man auch von dem sogenannten „bösen Blick“. Das heißt, der Hund schaut nicht „sauber“ und er könnte ohne Vorwarnung beißen.

Der Welpe baut sich besonders auf: Fühlt sich der Welpe besonders mutig oder zeigt aggressive Seiten, wird er sich aufbauen und groß machen. Ohren und Rute werden dann aufgestellt. Vermutlich wird er die Brust herausstrecken und die Nacken- und Rückenhaare aufstellen. Es kann auch gut sein, dass er beim Knurren ganz sachte mit der Rute wedelt – ein Zeichen von Unsicherheit.

Der Welpe macht sich ganz klein: Ist ein Hund unterwürfig, macht er sich möglichst klein, um dadurch wie ein Welpe zu wirken. Seine Hoffnung ist, dass sein Gegenüber ihn in Ruhe lässt, denn erwachsene Hunde beispielsweise werden Welpen zwar zurechtweisen, aber niemals angreifen und beißen. Wenn Welpen devot sind, werden sie sich in aller Regel auf dem Boden seitlich zusammenrollen, die Rute ganz flach halten und zaghaft damit wedeln. Manchmal versuchen sie auch dem überlegenen Hund oder der Bezugsperson das Gesicht zu lecken. In extremeren Situationen legen sie sich gänzlich auf den Rücken und geben so ihre Kehle frei.

Welpe macht sich ganz klein.

Das Wedeln mit der Rute wird oft als ein Zeichen für Nettigkeit und Freude ausgelegt. Doch ein übertriebenes Wedeln wurde schon oft bei devoten Hunden beobachtet. Das Wedeln kann also auch mehrere Bedeutungen haben:

Wedelt der Hund nur langsam und die Rute ist relativ starr, ist der Hund verärgert. Ist die Rute zwischen die Hinterbeine eingeklemmt, ist dies ein Zeichen für Angst. Unruhige oder nervöse Hunde halten ihre Rute mitunter nach unten und wedeln nur andeutungsweise.

Wie Hunde ihre Rute tragen ist von Rasse zu Rasse unterschiedlich. Im Allgemeinen kann man sagen, dass eine Rute, die in einem Winkel von über 45 Grad zum Rücken steht, Wachsamkeit und Interesse darstellt.

Das Gesicht und die Mimik eines Welpen kann viel über seine augenblickliche Befindlichkeit verraten. Ist der Welpe verängstigt? Ist er aufgeregt? Hat er Lust zu spielen? Diese und noch weitere Gefühlsregungen kann man an der Mimik erkennen und darauf eingehen. Sind die Ohren gespitzt und nach vorne ausgerichtet, bedeutet dies, dass der Welpe wachsam ist und zuhört. Wenn hingegen die Ohren flach am Kopf anliegen, kann dies ebenso Freude ausdrücken, wie auch auf Angst hinweisen. Damit Sie die Stimmung richtig „lesen“, sollten Sie auf weitere Anzeichen achten und diese in einen gemeinsamen Kontext bringen.

Beobachteten Sie, dass die Augen nur leicht geschlossen sind, ist dies in der Regel ein Anzeichen für Freude beziehungsweise für die Akzeptanz, dass Sie der „Rudelführer“ sind. Sind die Augen jedoch weit geöffnet, ist der Welpe aufmerksam und in „Alarmbereitschaft“. Die Natur hat es so eingerichtet, dass sich Hunde, wenn diese sich begegnen und die Rangordnung unter sich ausmachen, so lange in die Augen sehen, bis der schwächere nachgibt und sich zurückzieht. Ein derartiges Verhalten raten auch Hundeexperten in der Welpenerziehung: In einer ungeklärten Situation so lange den Welpen anblicken, bis er sich vom Blick her löst und zurückzieht.

DIE ANLEITUNG ZUM APPORTIEREN

Wichtig ist aber auch hier, dass Sie es nicht mit Druck und Schnelligkeit versuchen. Jeder Hund braucht Zeit. Besonders dann, wenn Ihr Vierbeiner noch sehr jung ist, kann er oft noch andere Dinge im Kopf haben. Mit der Zeit wird es besser und Sie werden erste Erfolge sehen können.

1. Schritt: Richtiger Gegenstand

Es ist wichtig, dass Ihr Hund etwas holen muss, was er auch leicht tragen kann. Schwere Stöcke sind somit nicht geeignet. Er wird es vielleicht nicht einmal versuchen wollen. Besser sind hingegen Futterdummys.

Es gibt in jeder Tierhandlung Spielzeuge, die aussehen wie ein Hund oder ein Knochen. Die Auswahl ist groß. Diese Dummys sind aber leicht tragbar und werden besonders von kleinen Hunden sehr gemocht. Wichtig wäre aber hier, dass das Spielzeug nicht zu weich ist. Der Spieltrieb ist noch sehr groß und besonders kleine Hunde neigen dazu, alles zu zerbeißen, was sie finden. Hier lauert auch die Gefahr des Verschluckens von Teilen, die großen Schaden anrichten können.

Wählen Sie mit Bedacht. Es sollte also nicht zu schwer und groß, aber auch nicht zu weich sein.

2. Schritt: An die Leine

Das mag jetzt abwegig klingen, aber so werden Sie das Interesse Ihres Hundes für die Beute nur noch mehr steigern. Legen Sie Ihrem Vierbeiner eine Leine um und machen Sie somit den Gegenstand noch interessanter. Er weiß somit, dass er ihn nicht sofort bekommt, und wird Witterung aufnehmen. Nun ist es an Ihnen, sich vor den Augen Ihres Hundes mit dem Dummy zu beschäftigen. Wie Sie das machen, ist Ihnen überlassen. Wichtig ist nur, dass Sie das Interesse wecken und Ihr Hund nur noch einen Gedanken hat: Ich möchte es haben!

3. Schritt: Loslaufen (trotz Leine)

Sie sind der Meinung, Ihr Hund hat den Dummy im Visier? Dann ist es an der Zeit, dass er ihn auch jagen darf. Werfen Sie ihn so weit, wie es Ihnen möglich ist, und fordern Sie Ihren Hund mit einem kurzen „Bring“ auf, ihn zu holen. Wichtig sind hier kurze Befehle. Nutzen Sie keine langen Sätze, denn das wird er nicht wahrnehmen. Achten Sie darauf, dass Sie die Leine nicht zu fest anziehen, denn sie muss hier in jedem Fall noch um den Hals des Hundes liegen. Wenn Ihr Vierbeiner den Gegenstand im Maul hat, dürfen Sie ihn schon loben. Das ist bereits der erste Schritt und er hat es wirklich gut gemacht. Nun muss er aber auch wieder zu Ihnen zurückkommen. Locken Sie ihn an. Wie Sie das machen, obliegt Ihrer Fantasie und Ihres Geschicks. Kommt er zu Ihnen zurück, braucht es nun ein kurzes „Aus“. Zeigen Sie ihm, dass er den Dummy fallen lassen soll. Wenn er das getan hat, hat er schon das erste Mal erfolgreich apportiert.

4. Schritt: Kommandos ohne Leine

Jetzt ist es an der Zeit, ihm die Leine abzunehmen und auf Befehle zu vertrauen. Mit einem „Sitz" sollte Ihr Hund nun neben Ihnen Platz nehmen. Jetzt gehen Sie ein paar Schritte weg, immer wieder ein Stück, bis ungefähr fünf Meter zwischen ihnen beiden liegen.

Der Dummy ruht in Ihrer Hand, doch mit dem besagten Abstand legen Sie ihn vor sich auf den Boden. Bleiben Sie in der Hocke und rufen Sie nach Ihrem Vierbeiner. Wenn alles gut läuft, und das sollte es, wird er zu Ihnen kommen, den Dummy aufnehmen und wieder an Sie übergeben. Er hat an dieser Stelle schon gelernt, dass Sie die einzige Person sind, die diese Belohnung für ihn bereithält. Sie werden überrascht sein, wie schnell Ihr Hund lernen kann – allein durch etwas Beharrlichkeit und natürlich einen Dummy, der wirklich interessant ist und Spaß macht.

5. Schritt: Größere Entfernung

Ist das gelungen, braucht es noch mehr Abstand. Entfernen Sie sich immer weiter von Ihrem Hund. Versuchen Sie es zu Beginn mit einem Meter und gehen Sie genauso vor, wie gerade beschrieben.

Es wird weiterhin kein Problem sein und Ihr Hund wird nur Sie und den Dummy sehen. Das ist seine Beute und das Ziel ist klar.

6. Schritt: Bring es her

Jetzt ist es an der Zeit für eine weitere Erweiterung. Legen Sie den Dummy ein Stück weit von Ihrem Hund entfernt auf den Boden, gehen Sie ein Stück weg und rufen Sie ihn mit einem „Bring". Wenn alles gut läuft, steht er auf und weiß genau, was zu tun ist. Er wird aus der Sitzposition zu Ihnen kommen und den Dummy in Ihre Hand oder auf den Boden legen. Beides ist ein Erfolg und hat ein großes Lob verdient.

7. Schritt: Die Suche

Nun darf Ihr Hund auch gerne suchen. Bringen Sie ihn an einer Position zum Sitzen, die Sie für ihn ausgesucht haben. Dann darf er zuschauen und Sie genau beobachten. Im besten Fall verschwinden Sie im angrenzenden Wald und legen den Dummy dort nieder. Dabei sieht Ihr Hund Sie nicht. Er weiß nur, in welche Richtung Sie gegangen sind.

Haben Sie einen Platz gefunden, kehren Sie zurück und sagen nur „Such". Ihr Hund wird loslaufen und sich auf die Suche machen. Das kann beim ersten Mal noch etwas schwierig sein. Begleiten Sie ihn ruhig und helfen Sie. Später wird das nicht mehr nötig sein.

Das Apportieren stärkt nicht nur die Verbindung zwischen Ihnen und Ihrem Hund, sondern hilft ihm auch, Befehle zu verstehen, die wiederum in anderen Bereichen sehr wichtig sein können. Es ist nicht schwer, Ihrem Hund das Bringen und Suchen von Gegenständen anzugewöhnen, aber es braucht natürlich etwas Geduld und kein Schimpfen, wenn zuvor die Interessen an einer anderen Stelle liegen sollten. Alles wird sich mit der Zeit finden!

DIE ERSTEN KOMMANDOS – „SITZ!", „PLATZ!", „AUS!"

Mit den ersten Übungen sollten Sie schon beginnen, sobald Ihr Welpe bei Ihnen eingezogen ist. Eigentlich wird dies schon automatisch beginnen, denn der Kleine wird umgehend auf Entdeckungstour gehen und hier schon so manchem begegnen, bei dem Sie sich sagen, „Hmmm... hier soll er eigentlich nicht beigehen". Schon kommt das erste „Nein" von Ihnen und Sie werden das Hundebaby von diesem Ort wegnehmen. Wahrscheinlich wird es sich dabei um die Couch handeln, die Ihr neuer Begleiter als hervorragenden Schlafplatz auserkoren hat, Sie aber nicht möchten, dass er hier Platz nimmt. Es wird also seinen Lauf nehmen, dass das eine oder andere Kommando früher kommt, als Sie denken.

Aber auch ein gezieltes Training dieser ersten Befehle ist wichtig, damit der Welpe Manieren lernt und Sie in der Lage sind, ihn irgendwann sicher abzurufen. Zudem wird die Bindung zwischen Ihnen beiden erheblich verstärkt, weil Sie sich tagtäglich mit dem Kleinen beschäftigen, ihn loben und ihm Aufmerksamkeit schenken werden. Je früher Sie damit anfangen, desto leichter werden Sie und Ihr Hund es haben. Ein junges Tier lernt schnell und so kann es sich zu einem gut sozialisierten und freundlichen Hund entwickeln.

Was Sie auf jeden Fall mitbringen müssen, ist eine Menge Geduld und ein feines Fingerspitzengefühl. Sicher wird nicht alles sofort funktionieren, hier müssen Sie Ihre Ausdauer beweisen. Wiederholen Sie immer wieder die Übung, bis sie einwandfrei sitzt. Gegebenenfalls müssen Sie auch einmal einen Gang zurückschalten.

Um Ihrem neuen Mitbewohner das Lernen zu erleichtern, sollten Sie eine feste Struktur und eine gewisse Routine im Tagesablauf einführen. Feste Zeiten für die Fütterung, für die Spaziergänge, für das Spielen und das Training sind sehr sinnvoll.

Lob, Streicheleinheiten, liebe Worte und viel Leckerlis sollten Sie ebenfalls im Gepäck haben. Bei jedem positiven Verhalten Ihres Welpen sollten Sie nicht sparsam damit umgehen. So wird der Kleine immer wieder motiviert, mitzuarbeiten. Belohnen Sie ihn umgehend, damit er einen Bezug zu seinem eben gezeigten Agieren und der Belohnung herstellen kann. Ansonsten weiß er nicht, wofür er das Leckerli bekommen hat, und verbindet womöglich eine andere Handlung damit.

Im Gegenzug dürfen Sie Ihren Welpen niemals bestrafen, wenn er falsch reagiert – schon gar nicht mit Gewalt. Auch hier schüren Sie nur ein ängstliches und eingeschüchtertes Verhalten. Eine sich später entwickelnde Aggressivität ist nicht auszuschließen und einen bissigen Hund will niemand in seinem Umfeld haben.

Das Training sollte mit einem positiven Ergebnis beendet werden. Hören Sie erst dann auf, wenn Ihr Hund das von Ihnen gewünschte Verhalten gezeigt hat – es sei denn, Sie haben das Gefühl, dass er überfordert ist. Dann wiederholen Sie eine vorhergehende Übung und beenden dann das Training.

Sie werden sicher Regeln aufgestellt haben, die Ihr kleiner Hund zu befolgen hat. Hier müssen Sie konsequent sein. Es darf nicht passieren, dass der Welpe heute nicht auf das Sofa darf, morgen aber schon. Ein solches Verhalten versteht er nicht und er würde bald nicht mehr auf Sie hören. Auch die Familienmitglieder Ihres Hauses müssen sich an diese Regeln halten, sonst wird Ihre Autorität schnell untergraben.

Ihrem Hund gegenüber sollten Sie mit einem bestimmenden Tonfall gegenübertreten, wenn Sie ihm etwas beibringen wollen. Benutzen Sie kurze Befehle, die klar verständlich sind, philosophieren Sie also keine Romane dem Tier gegenüber. Schreien oder brüllen Sie Ihren Hund niemals an. Das führt nur dazu, dass er eingeschüchtert und ängstlich wird.

Eine gute Sozialisierung ist äußerst wichtig, damit Ihr kleiner Freund in jeder Alltagssituation zurechtkommt. Nach der Eingewöhnungszeit sollten Sie ihn also mit fremden Menschen, mit Kraftfahrzeugen jeglicher Art und mit anderen Tieren konfrontieren. Natürlich nicht alles auf einmal, aber nach und nach. So lernt er einen freundlichen Umgang mit anderen Lebewesen und wird auch im Erwachsenenalter keine Probleme haben.

Wie bringen Sie dem kleinen Hundebaby aber nun bei, sich auf Ihr Kommando hinzusetzen oder sich hinzulegen? Lesen Sie weiter und Sie erfahren es.

Verfahren Sie für das Kommando „Sitz!" wie folgt:

Sie nehmen ein Leckerli in die Hand und zeigen es Ihrem Welpen. Nun möchte er dieses schmackhafte Teil in Ihrer Hand natürlich haben. Halten Sie es über seinen Kopf, so dass er nach oben blicken muss. Wahrscheinlich wird er sich in diesem Moment hinsetzen, damit er den Leckerbissen besser im Blick hat und herankommt. Loben Sie ihn ausgiebig und geben Sie ihm das Leckerli. Nun wiederholen Sie diese Übung mehrmals und fügen das Kommando „Sitz!" hinzu. Es wird sicher nicht lange dauern, bis Ihr Welpe den Zusammenhang zum Befehl und dem Leckerli versteht und sich deshalb hinsetzt, wenn Sie es ihm sagen. Natürlich führt er den Befehl nur deshalb aus, weil er weiß, dass er dann etwas Leckeres bekommt.

Für das Kommando „Platz!" nehmen Sie ebenfalls ein Leckerchen in die Hand und zeigen es Ihrem Welpen. Führen Sie Ihre Hand zum Boden.

Um nun an den Leckerbissen heranzukommen, wird sich Ihr Hund vermutlich hinlegen. Genau in diesem Moment loben Sie ihn und geben ihm das Leckerli. Beim nächsten Versuch verwenden Sie jetzt Ihr Kommando und wiederholen die Übung des Öfteren. Schon bald wird sich der Kleine auf Ihren Befehl hinlegen. Belohnen Sie ihn mit dem Leckerli.

Ein ganz wichtiges Kommando ist „Komm!“ oder „Hier!“. Damit rufen Sie Ihren Hund aus allen möglichen und unmöglichen Situationen zurück. Dieser Befehl kann unter Umständen auch lebensrettend für ihn sein, zum Beispiel dann, wenn er einer stark befahrenen Straße zu nahekommt.

Für den ersten Versuch empfiehlt es sich, eine zweite Person helfen zu lassen. Dieser Helfer hockt sich zu Ihrem sitzenden Hund. Sie selbst gehen nun einige Schritte entfernt in die Hocke. Rufen Sie jetzt Ihren Vierbeiner mit seinem Namen und fügen Sie den entsprechenden Befehl hinzu.

Einigen Sie sich auf eine Möglichkeit: entweder „Komm!“ oder „Hier!“, niemals einmal das eine Kommando verwenden und ein anderes Mal das andere. Das würde Ihr Hund nicht verstehen und dementsprechend würde er auch nicht darauf reagieren.

Während Sie nun Ihren Hund rufen, breiten Sie Ihre Arme aus und suchen den Blickkontakt zu ihm. Mit dieser Gestik und Ihrer dazugehörigen Mimik signalisieren Sie Ihrem Welpen, dass Sie sich freuen, wenn er zu Ihnen kommt. Halten Sie auch ein Leckerli oder das Lieblingsspielzeug für ihn bereit. Sicher wird der Kleine jetzt freudig auf Sie zulaufen. Loben Sie ihn und geben Sie ihm das Spielzeug oder das Leckerli.

Auch diese Übung werden Sie mehrmals wiederholen müssen, bis Ihr Welpe begriffen hat, welche Bedeutung Ihr Kommando hat. Mit der Zeit müssen Sie allerdings den Abstand zwischen Ihnen beiden erhöhen, schließlich wollen Sie ihn ja auch aus der Entfernung abrufen können. Versuchen Sie auch beizeiten, ihn abzurufen, wenn Sie außer Sichtweite sind. Vergessen Sie niemals die Belohnung, denn nur deshalb kommt Ihr Vierbeiner zu Ihnen.

Es wird Situationen geben, in denen Sie Ihrem Hund ein „Nein!" oder „Aus!" befehlen müssen. Auch dieses Kommando muss sitzen und auch hier benutzen Sie selbstverständlich nur eines davon, entscheiden Sie sich. Im Gegensatz zu den anderen Befehlen gibt es hier natürlich kein Leckerli oder eine andere Belohnung. Ihr Welpe soll ja nicht für ein falsches Verhalten belohnt werden. Aber eine Strafe ist selbstverständlich auch nicht angebracht. Hier gibt es nun eine ganz einfache Lösung: ein Glöckchen. Immer dann, wenn Ihr Vierbeiner ein von Ihnen unerwünschtes Verhalten zeigt und eine unerwünschte Handlung ausübt, lassen Sie dieses Glöckchen ertönen und fügen den von Ihnen ausgesuchten Befehl dazu. Das Glöckchen soll dem Hund signalisieren, dass hier nun keine Belohnung zu erwarten ist.

Wenn Ihr Hund nun gelernt hat, welche Bedeutung die Glocke hat, ergänzen Sie das Geschehen mit dem Kommando „Sitz!" oder „Platz!". Befolgt er Ihren Wunsch, belohnen Sie ihn mit einem Leckerli. Damit soll einer Enttäuschung Ihnen gegenüber vorgebeugt werden. Der Hund lernt so das Kommando „Aus!", behält aber weiterhin das Vertrauen zu Ihnen und bleibt Ihr Freund.

Dies wären die ersten Trainingseinheiten, die die ersten Wochen mit Ihrem neuen Mitbewohner ausfüllen werden. Viele weitere Kommandos werden noch folgen. Überstürzen Sie aber nichts, sondern üben Sie immer eines nach dem anderen. Zu schnell ist der kleine Hund sonst überfordert und kann dann gar nichts mehr lernen.

Die ersten Kommandos, die Ihr kleiner Freund lernen muss, sind „Sitz", „Platz", „Bleib", „Komm" und „Aus". Aber bitte nicht alle auf einmal, das geht schief. Fangen Sie mit einem Kommando an und erst, wenn dieses beherrscht wird, üben Sie das zweite. Suchen Sie sich zum Üben den richtigen Zeitpunkt aus. Wenn Ihr Baby müde oder lustlos ist, hat es keinen Zweck. Üben Sie mehrmals täglich, aber nur kurze Zeit. Ansonsten überfordern Sie den kleinen Hund. Gewöhnen Sie sich eine ruhige Tonart an und bestrafen Sie Ihren Hund niemals.

Arbeiten Sie mit Belohnungen, wenn eine korrekte Ausführung Ihres Kommandos erfolgt. Das bleibt prägend und Ihr Hund lernt. Ignorieren Sie es, wenn er nicht richtig agiert hat, und wiederholen Sie die Übung kommentarlos. Zum Belohnen oder Ignorieren haben Sie nicht viel Zeit. Dies müssen Sie sofort nach der Handlung Ihres Hundes machen. Geben Sie also das Leckerli sofort, wenn der Befehl ausgeführt wurde, und unterbrechen Sie zum Beispiel das Spiel, wenn Ihr Vierbeiner zu wild wird oder gar zubeißt. Hören Sie immer dann auf, wenn Ihre Übung mit Erfolg gekrönt ist. So macht das Lernen viel mehr Spaß und es bleibt in Erinnerung, was gelernt wurde.

Benutzen Sie niemals den Namen Ihres Welpen als Kommando. Das machen viele Hundehalter falsch. Oft wird der Name dazu benutzt, um dem Hund zu sagen, „Komm zu mir“. Wenn Sie Ihren Hund bei seinem Namen nennen, soll es aber dazu dienen, seine Aufmerksamkeit zu erregen. Rufen Sie den Namen, blickt Ihr Welpe Sie an und nun können Sie das gewünschte Kommando äußern. Im besten Fall führt Ihr Hund es dann natürlich auch aus, wenn er es schon gelernt hat.

Wie Sie nun Ihrem Welpen klarmachen, dass er sich bei dem entsprechenden Kommando auch hinsetzt, ist erfahrungsgemäß nicht ganz einfach. Nehmen Sie sich viel Zeit und vor allem Geduld, wenn Sie Ihrem Hundebaby etwas beibringen möchten. Seien Sie auch sehr konsequent, denn es hilft Ihrem Hund nicht, wenn Sie einmal so handeln und im nächsten Moment anders.

Bei dem Kommando „Sitz“ gehen Sie folgendermaßen vor: Zuerst locken Sie Ihren Welpen zu sich, am besten mit einem Leckerli, falls er noch nicht richtig auf seinen Namen reagiert. Halten Sie es etwas höher, damit er zu Ihnen hochsieht. Nun geben Sie das Kommando „Sitz“. Damit Ihr Welpe das Leckerli im Auge behalten kann, wird er sich wahrscheinlich in eine Sitzposition begeben. Nun loben Sie ihn ausgiebig und geben das Leckerli. Sollte er stattdessen an Ihnen hochspringen wollen, sagen Sie „Nein“ und wiederholen die Übung.

Das Kommando „Nein“ bringen Sie ihm „nebenbei“ bei, denn es gibt immer, gerade am Anfang, Situationen, die unerwünscht sind. Ertappen Sie Ihren Welpen bei einer solchen Situation, sagen Sie in einem schärferen Tonfall „Nein“, um das Verhalten zu unterbinden. Auch Ihre Körperhaltung in diesem Moment ist sehr ausschlaggebend. Nun lenken Sie Ihr Hundekind von seinem ursprünglichen Vorhaben ab und belohnen es auch sofort, wenn die Ablenkung gelungen ist. So lernt der kleine Vierbeiner, dass bei „Nein“ Schluss ist.

Auch das Kommando „Komm“ ist sehr wichtig, schließlich müssen Sie Ihren Hund in jeder Situation problemlos abrufen können. Wenn Ihr Hund Sie anschaut, knien sie sich herunter und locken ihn zu sich. Dabei benutzen Sie das Kommando „Komm“. Loben und belohnen Sie Ihren Freund, wenn er auch tatsächlich zu Ihnen kommt. So weiß ihr Hund bald, wenn er dem Befehl Folge leistet, dass er etwas Leckeres von Ihnen zu erwarten hat. Sollte er stattdessen aber weglaufen, laufen Sie nicht hinter ihm her. Dann wird eher ein für Ihren Welpen lustiges Jagdspiel daraus und Sie erreichen genau das Gegenteil.

Für das Kommando „Platz“ nehmen Sie ein Leckerli in Ihre geschlossene Hand. Dicht über dem Fußboden bewegen Sie diese nun vor der Nase Ihres Hundes hin und her und geben das Kommando „Platz“. Legt sich Ihr Vierbeiner ab, weil er das Leckerli haben möchte, loben Sie ihn und geben ihm die Leckerei.

Wichtig bei allen Übungen ist, dass Sie in kleinen Schritten trainieren. Nehmen Sie sich viel Zeit, Ruhe und seien Sie konsequent. Hilfreich können auch entsprechend passende Handsignale sein, die Sie zusätzlich zu den verbalen Kommandos verwenden. Dann wird Ihr Vorhaben ganz sicher gelingen.

So üben Sie „Sitz“

Zeigen Sie Ihrem Hund ein Leckerchen, während Sie vor ihm stehen. Halten Sie es über seinen Kopf, damit er diesen stark anheben muss, um es zu beobachten. Die meisten Hunde setzen sich aus Bequemlichkeit, weil es im Sitzen einfacher ist, die Köstlichkeit im Blick zu behalten. Sie können auch sanft auf das Hinterteil drücken, wenn ihr Hund sich nicht setzt.

Achten Sie darauf, dass ihr Hund sich nicht in eine Pfütze oder auf Scherben setzen muss. Er vertraut Ihnen. Wenn das Ausführen des Befehls für ihn unangenehm ist, wird er künftig generell nachschauen, wo er sich hinsetzen soll.

Belohnen Sie den Hund erst, wenn er sitzt, das heißt sein Hinterteil den Boden berührt. Sobald Ihr Hund den Befehl verstanden hat, üben Sie mit ihm „Sitz“, wenn er neben Ihnen steht. Später soll er ihn auch ausführen, wenn Sie das Kommando aus der Entfernung geben.

Sichtzeichen "Sitz"

So lernt der Welpe das Kommando „Sitz!“:

- Junge Welpen, die noch keine Erfahrung mit Lernübungen gemacht haben, verstehen die Kommandos „Sitz“ und „Platz“ sehr schnell.
- Für „Sitz“ ein Leckerchen zwischen Daumen und Mittelfinger nehmen.
- Die Hand mit dem Leckerchen an seiner Nase nach oben vorbeiführen.
- Sobald das Gesäß in Richtung Boden geht, gibt man das Kommando „Sitz!“.
- Setzt sich der Welpe hin und versucht dann aber sich auf die Hinterbeine zu stellen, muss das Verhalten mit einem scharfen „Nein“ unterbunden werden.
- Hat sich der Welpe hingesetzt, erfolgt sofort die Belohnung.
- Mit jedem Mal länger mit der Gabe eines Leckerchens warten.
- Nach einigen Übungseinheiten spricht man das Kommando „Sitz“ ohne ein Leckerchen aus, da der Welpe nur auf das Handzeichen reagieren soll.

Platz

Mit diesem Befehl ziehen Sie den Hund noch nachdrücklicher aus dem Verkehr, denn er braucht länger, bis er aus der Position, die er bei

Platz einnehmen muss, auf den Beinen ist. Korrekt ausgeführt liegt er mit ausgestreckten Vorderbeinen auf dem Bauch.

Hinweis: Überschätzen Sie die zeitliche Verzögerung nicht. Wenn ihr Hund möchte, ist er blitzschnell aus den Beinen und rennt los. Sie bauen eine psychische Barriere auf, keine körperliche. Ihr Hund muss sich aktiv über ihren Befehl hinwegsetzen, bevor er rennt. Das verhindert oft, dass er unkontrolliert durchstartet. Wenn Sie schnell reagieren, können Sie ihn meist durch ein Kommando stoppen, bevor er Schaden anrichtet oder ihm etwas passiert.

Sie können mit dem Training des Befehls beginnen, sobald der Hund das Kommando „Sitz“ beherrscht. Er muss akzeptieren, dass er nicht aufstehen darf, sein Hinterteil also auf dem Boden bleiben muss.

Nehmen Sie ein Leckerchen in die Hand und führen Sie es dicht vor Ihrem Hund zu Boden. Halten Sie es in der Hand. Ihr Hund soll es wittern können. Verbieten Sie ihm durch Wiederholung des Kommandos „Sitz“ aufzustehen, um das Leckerchen zu ergattern.

Er muss sich daher mit gestreckten Vorderbeinen auf den Boden legen, um das Leckerchen zu erreichen, ohne aufzustehen. Sagen Sie „Platz“, sobald er sich legt und belohnen Sie den Hund.

Wenn er „Sitz“ und „Platz“ beherrscht, kombinieren Sie die Übung mit „Bleib“. Mit Letzterem verbieten Sie Ihrem Hund Ihnen zu folgen. Er kann aber selbst entscheiden, ob er steht, sitzt oder sich hinlegt. Mit der Kombination der Befehle bestimmen Sie auch die Haltung, in der er zu verweilen hat.

Erhöhen Sie den Schwierigkeitsgrad, in dem Sie vor dem Hund hüpfen, einen Ball werfen oder um ihn herumgehen. Übertreiben Sie es aber nicht. Wenn Ihr Hund aufstehen will, verweisen Sie ihn wieder auf „Platz“ und heben aber nach wenigen Sekunden das Kommando auf.

So lernt der Welpe das Kommando „Platz!":

- Hat sich der Hund auf sein Plätzchen oder Decke niedergelassen, kann man ihn streicheln und dabei immer wieder sagen „Platz". So verbindet er das Wort „Platz" mit einem positiven Erlebnis.
- Sobald man merkt, dass der Welpe müde ist, wird er zu seinem Körbchen gelockt, beispielsweise mit einem Leckerchen. Legt er sich in das Körbchen hinein, wiederholt man das Wort „Platz".
- Hat man diese Übung einige Zeit wiederholt, kann man im nächsten Schritt versuchen, allein durch das Aussprechen des Wortes „Platz" den Welpen auf seine Decke oder in sein Körbchen zu schicken. Geschieht dies ohne weitere Probleme, dann ist ein dickes Lob fällig.

Sichtzeichen "Platz"

Apportieren

Zum Apportieren gehört auch, dass der Hund seine „Beute“ übergibt. Dieser Teil der Übung ist durchaus sinnvoll. Sie müssen schließlich nicht immer mit einem harten Verbot „Aus“ reagieren, wenn Ihr Hund etwas im Fang hält, dass Sie ihm abnehmen möchten. Versuchen Sie es mit einem Tausch.

Bieten Sie dem Hund eine Leckerei an und sagen Sie „ablegen“. Ihr Hund kann also frei entscheiden, ob er das Leckerchen nimmt oder nicht. Wenn er es nehmen will, muss er wohl oder übel das ablegen, was er im Maul hat. Geben Sie dem Hund die Belohnung und greifen Sie sofort nach dem Tauschobjekt. Ihr Hund darf auf keinen Fall beides bekommen.

Sichtzeichen "Aus"

Das Kommando „Bleib“

Es gibt immer wieder Situationen im täglichen Leben, in denen es nötig ist, dass der Welpe, später der erwachsene Hund, zu Hause bleiben muss. Für dieses Training soll der Welpe vor seiner Bezugsperson sitzen. Um generell die Bedeutung des Kommandos „Bleib" darzustellen, ist oft schon eine klare Körpersprache ausreichend. Man stellt sich direkt vor den Welpen und neigt sich leicht nach vorne, eine flache Hand wird entgegengestreckt. So zeigt man schon allein durch die Haltung, dass er dort bleiben soll, wo er ist. Jetzt macht man einen kleinen Schritt rückwärts, verbleibt einige Sekunden und geht dann wieder nach vorne. Der Welpe wird sofort belohnt, dass er sitzengeblieben ist. Hat ein Schritt zurück gut funktioniert, kann man Schritt für Schritt eine größere Distanz wählen und so die Zeit, in der der Welpe sitzen bleibt, verlängern. Irgendwann ist der Zeitpunkt da, dass man den jungen Hund allein lassen kann.

Sichtzeichen "Bleib"

Disziplinlosigkeit

Der Begriff „Disziplin" steht in der Erziehung eines Hundes für einzuhaltende Regeln und Grenzen. Jedes Lebewesen auf dieser Welt ist in irgendeiner Weise diszipliniert und folgt bestimmten Gesetzen. Das gilt auch für Ihren Hund. In Ihrem Lebensumfeld hat er sich an Regeln zu halten, die Sie als Rudelführer aufgestellt haben. Sie entscheiden, wann gefressen wird und wann es zum Gassigehen nach draußen geht. Ebenso entscheiden Sie, wann Ihr Hund spielen darf, wann Sie mit ihm trainieren und wo und wann er Löcher buddeln darf. Da gibt es kein Wenn und Aber... es wird so gemacht und nicht anders. Nun müssen Sie dies natürlich noch Ihrem Hund „verklickern", damit er niemandem disziplinlos gegenübertritt. Nur so können Sie mit ihm rücksichtsvoll mit Ihrer Umwelt umgehen.

Doch was machen, wenn Ihr Vierbeiner sich überhaupt nicht diszipliniert verhalten möchte? In erster Linie schauen Sie erst einmal auf sich selbst. Sind Sie diszipliniert Ihrem Hund gegenüber? Akzeptiert er Sie als Rudelführer? Wahrscheinlich treffen diese Punkte eher nicht zu und Sie müssen daran arbeiten. Treten Sie Ihrem Vierbeiner aufrecht und energisch entgegen, denn Sie sind das Alpha-Tier und alle anderen haben Ihnen zu folgen. Seien Sie konsequent und lassen Sie keine Ausnahmen zu. Das ist der erste Schritt, um Ihrem Hund Disziplin beizubringen.

Trotzdem gilt auch im Beibringen von Disziplin: Immer mit positiver Verstärkung (Streicheleinheiten, Leckerlis) arbeiten und niemals mit Bestrafung (Schläge, Anschreien). Loben Sie also Ihren Vierbeiner, wenn er auf seinem Spielzeug kaut. Zerfleddert er aber Ihren Schuh, rufen Sie ihm ein scharfes „Nein" zu und entfernen den Schuh. Sie sollten Ihren Hund jetzt auch für kurze Zeit nicht mehr beachten. Nimmt er nun sein Spielzeug an, um darauf herumzukauen, loben Sie ihn ausgiebig. Bleiben Sie dabei, dass Schuhe tabu sind, und kommen Sie jetzt nicht auf die Idee, dem „armen" Hund einen ausgedienten Schuh zum Kauen anzubieten. Er wird es nicht unterscheiden können, ob es ein neuer, teurer Schuh ist oder ein alter, billiger Treter. Sie würden ihn damit äußerst verwirren.

Disziplin bedeutet auch, dass Sie einen festen Tagesplan aufstellen sollten. Legen Sie fest, wann Sie Ihren Hund füttern, wann Sie mit ihm spazieren gehen und wann Sie mit ihm spielen oder kuscheln. Auch ein

Hund hat eine innere Uhr und weiß schnell, was wann gemacht wird. So wird das Zusammenleben mit Ihrem Vierbeiner erheblich erleichtert.

Übermäßiges Bellen

Zunächst einmal sei gesagt, dass das Bellen ein natürliches Verhalten des Hundes ist. Außer mit seiner Körpersprache kommuniziert er über das Bellen mit seinen Artgenossen. Je nachdem, welcher Rasse der Hund angehört, kann ein häufiges Bellen durchaus normal sein, während andere Rassen kaum einen Laut von sich geben. Aber ein permanentes Bellen liegt in keinem Wesen eines Hundes. Ein solches Verhalten kann unterschiedliche Ursachen haben, sie wirken sich aber allesamt sehr unangenehm im Alltagsleben aus. Bellt Ihr Hund unangemessen viel und laut, kann es zu Ärger in der Nachbarschaft führen. Auch auf der Hundewiese sind Sie mit Ihrem Vierbeiner dann nicht mehr gerne gesehen, denn wer will schon einen Kläffer neben sich haben?

Als Erstes gilt nun, herauszufinden, warum Ihr Hund so viel bellt. Was veranlasst ihn dazu, sein Umfeld derart auf sich aufmerksam machen zu müssen? Bellt er zum Beispiel dann außergewöhnlich stark, wenn es an Ihrer Haustür klingelt, oder vielleicht dann, wenn er im Garten Vögel oder Katzen erspäht? Auch vorbeigehende Personen könnten dieses Bellen auslösen, wenn Sie sich zum Beispiel auf einem Spaziergang befinden. Vielleicht bellt Ihr Hund aber auch nur aus Langeweile, wenn er alleine zu Hause ist oder einfach nur deshalb, weil er Ihre Aufmerksamkeit einfordert.

Haben Sie die Ursache lokalisiert, können Sie daran arbeiten. Bellt Ihr Hund dann, wenn es an der Tür klingelt oder sich Personen auf Ihrem Grundstück aufhalten, so wird dies als „Alarmbellen“ bezeichnet. Damit möchte er Ihnen erzählen, was er bemerkt hat. Trotzdem soll hier kein übertriebenes Bellen stattfinden. Sie sollten versuchen, ihn abzulenken. Schicken Sie ihn zum Beispiel mit seinem Lieblingsspielzeug auf seinen Platz. Gehorcht Ihr Hund und kaut nun auf dem Spielzeug herum, anstatt zu bellen, so belohnen Sie ihn mit einem Leckerli. Üben Sie nun dieses Procedere jedes Mal dann aus, wenn Ihr Hund anfängt, zu bellen.

Sie können auch versuchen, Ihren Vierbeiner auf die zum Bellen auslösenden Geräusche zu desensibilisieren. Das nennt man auch Gegenkonditionierung. Dazu müssen Sie die Geräusche aufnehmen und dann Ihrem Vierbeiner vorspielen. Am Anfang machen Sie dies leise und steigern mit der Zeit die Lautstärke. Achten Sie darauf, dass die ursprünglichen Geräusche während der Zeit des Übens nicht auftreten, damit Ihr Hund nicht verunsichert wird. Denken Sie immer an die Belohnung, wenn Ihr Vierbeiner wie von Ihnen gewünscht reagiert. Mit der Zeit wird er sich an die Klänge gewöhnen und nicht mehr in einem großen Ausmaß bellen, sondern ruhig und gelassen bleiben.

Beim Verbellen von Katzen, Vögeln oder anderen Lebewesen auf Ihrem Grundstück hilft nur ein zuverlässiger Rückruf. Dies sollten Sie Ihrem Hund ohnehin frühzeitig beibringen, damit Sie ihn aus riskanten Situationen herbeirufen können. Auch hier arbeiten Sie mit Belohnungen in Form von Leckerlis. So lernt Ihr Hund, dass es sich lohnt, zu Ihnen zu kommen, wenn Sie ihn rufen. Er kann ja immer auf einen tollen Snack hoffen und seine Aufmerksamkeit wird auf Sie statt auf die Vögel und Katzen gerichtet.

Sollte Ihr Vierbeiner gerne die Fensterbank belagern und vorbeigehende Personen anbellen, so verweigern Sie ihm diesen Liegeplatz. Bieten Sie ihm stattdessen einen alternativen Platz an und lassen Sie ihn zum Beispiel mit seinem Lieblingsspielzeug spielen. Oder Sie geben ihm einen Kauknochen zur Beschäftigung. Im Garten kommt wieder der Rückruf zum Einsatz. Lassen Sie Ihr Tier, bis es sich das Bellen einigermaßen abgewöhnt hat, nicht alleine im Garten verweilen, damit Sie das Verhalten immer beobachten und gegebenenfalls einschreiten können.

Bellt Ihr Hund dann, wenn Sie das Haus verlassen und ihn alleine lassen müssen, so leidet er unter Trennungsangst. Hunde sind sehr soziale Tiere und leben gerne im Rudel, in Ihrem Fall in der Familie. Ist er alleine, fühlt er sich unwohl und vermisst Sie. Fangen Sie in kurzen Intervallen an, Ihren Vierbeiner in der Wohnung alleine zu lassen. Vielleicht verlassen Sie anfangs erst einmal nur den Raum, in dem sich Ihr Hund aufhält, und beobachten, wie er sich verhält. Lassen Sie die Zeiträume des Alleinseins immer länger werden. Ihr Hund muss lernen, dass er Ihnen vertrauen kann und dass Sie wiederkommen werden. Um ihn abzulenken, können Sie zum Beispiel das Radio laufen lassen. So hat er etwas, auf das er sich während Ihrer Abwesenheit konzentrieren kann. Vielleicht hilft auch ein Futterball oder Kauknochen, um Ihren Vierbeiner zu beschäftigen. Auf jeden Fall sollten Sie dafür sorgen, dass er schon ein wenig ausgelastet und müde ist, wenn Sie gehen müssen. Wahrscheinlich wird sich Ihr Hund dann auf seinen Platz begeben und Ihre Abwesenheit verschlafen. Gehen Sie also vorher mit ihm spazieren oder spielen Sie mit ihm. Wenn es dann so weit ist, dass Sie das Haus verlassen werden, machen Sie daraus kein Drama, also keine überschwängliche Verabschiedung oder dergleichen. Auch das nach Hause-Kommen sollten Sie nicht dramatisieren. Für Ihren Vierbeiner soll es völlig natürlich und in Ordnung sein, dass Sie aus dem Haus gehen, aber auch wiederkommen. Weiterhin sollten Sie Ihre „Weggehroutine" immer wieder ändern, damit Ihr Hund nicht schon vorher ängstlich reagiert, weil er ahnt, dass er gleich alleine sein wird. Beherzigen Sie diese kleinen Ratschläge, dann wird es Ihrem Hund nicht unangenehm sein, wenn er allein zu Hause bleibt.

Ihre Aufmerksamkeit mit Bellen zu erregen, könnte eine weitere Möglichkeit sein, warum Ihr Vierbeiner unentwegt kläfft. Hier hilft nur, ihn zu ignorieren. Reagieren Sie auch nur in irgendeiner Weise auf dieses Bellen, so glaubt Ihr Hund, er mache alles richtig. Er will Ihre Aufmerksamkeit und bekommt sie auch. Warten Sie einige Zeit ab, ob Ihr Vierbeiner von allein mit dem Bellen aufhört. Wenn ja, belohnen Sie ihn ausgiebig mit Ihrer Aufmerksamkeit oder auch mit einem Leckerli. Wenn nein, dann geben Sie ihm das Kommando zum Setzen oder Ablegen auf seinem Platz. Hat er sich beruhigt und das Bellen eingestellt, belohnen Sie ihn.

Vielleicht hat Ihr Vierbeiner aber auch zu wenig „zu tun“. Dann wird ihm sehr schnell langweilig und daraus könnte sich dann ein lästiges Kläffen entwickeln. Mit irgendetwas muss er sich ja beschäftigen und wenn sonst nichts da ist, wird eben lauthals gebellt. Hier hilft nur zusätzliche Beschäftigung. Gehen Sie öfter spazieren, trainieren Sie mehrmals täglich kleine Tricks oder spielen Sie ausgiebig mit Ihrem Begleiter. Sie werden schneller zum Erfolg kommen, als Sie denken.

Beim Spaziergang bellt Ihr Hund unentwegt andere Hunde an? Das kann zweierlei Ursachen haben – entweder, weil Ihr Hund nicht zu dem anderen kann, da er angeleint ist, oder aber er verspürt ein Unbehagen und hat Angst vor dem anderen Hund. In solchen Fällen sollten Sie sich professionelle Hilfe in einer guten Hundeschule suchen. Die Trainer sind bestens vorbereitet auf diese Probleme und können helfen, damit Ihr Hund wieder ruhig und gelassen reagiert, wenn Sie beide auf andere Artgenossen treffen.

Sollten alle hier vorgeschlagenen Tipps nicht wirklich Abhilfe schaffen, so fangen Sie auf keinen Fall an, Ihren Hund mit Bestrafungen dazu zu bringen, das Bellen einzustellen. Das wird nicht funktionieren. Vielleicht mag er weniger bellen, dafür seinen Frust aber an anderen Dingen auslassen. Das Problem wäre nicht behoben, sondern nur verschoben. Suchen Sie sich auch in diesem Fall Hilfe in einer nahegelegenen Hundeschule.

Angst vor der Autofahrt

Ganz sicher werden Sie nicht darum herumkommen, irgendwann einmal Ihren Hund im Auto befördern zu müssen. Hoffentlich gehört Ihr Vierbeiner zu denjenigen, die gerne im Auto mitfahren, denn dann können Sie entspannt jeder Autofahrt entgegensehen.

Ist allerdings das Gegenteil der Fall, müssen Sie auch nicht verzweifeln, es gibt viele Möglichkeiten, wie Sie Ihrem Hund die Angst nehmen können. Wie Sie das am besten machen, können Sie in diesem Kapitel erfahren.

Natürlich wäre es gut, zu wissen, was Ihrem Hund beim Fahren im Auto Angst einflößt. Hat er in der Vergangenheit vielleicht schlechte Erfahrungen gemacht? Führte ihn seine erste Fahrt zum Tierarzt? Das könnte er damit assoziieren und negativ auf das Autofahren deuten. Vielleicht mag Ihr Hund aber auch einfach nur das Geräusch des Motors nicht oder Ihre Fahrweise bereitet ihm Unbehagen. Möglich wäre auch, dass er ein Auto mit Schmerzen verbindet, weil ihm einmal versehentlich der Schwanz oder eine Pfote in der Tür eingeklemmt wurde. Es ist sicher nicht immer leicht, zu verstehen, warum Ihr Hund Angst vor dem Auto hat.

Dennoch können Sie Ihrem Liebling vermitteln, dass Ihr Auto keine Gefahr für ihn darstellt. Gehen Sie es aber ruhig und sinnig an, jeder kleine Fortschritt zählt. Die erste Maßnahme könnte sein, dass Sie ihm das Fahrzeug zeigen. Lassen Sie den Hund am stehenden Auto schnuppern, daran entlanggehen und ja... ein Rüde könnte jetzt auch sein Beinchen am Reifen erheben. Damit müssen Sie jetzt leben. Zeigt Ihr Vierbeiner jetzt keine Angst, loben Sie ihn natürlich ausgiebig. Wiederholen Sie diese Übung ein paarmal, bevor Sie zum nächsten Schritt übergehen.

Dieser könnte so aussehen, dass Sie jetzt den Motor von einer Hilfsperson starten lassen und Ihren Hund dann an das Fahrzeug heranführen. Strahlen Sie Ruhe und Gelassenheit aus, das überträgt sich auch auf Ihren Hund. Nun kann er von außen den unheimlichen „Blechkasten" inspizieren und sich so an das Geräusch des laufenden Motors gewöhnen. Bald wird er mit Ihrer Hilfe feststellen, dass ihm nichts passieren kann. Vielleicht sind hier mehrere Versuche nötig, bis sich Ihr Vierbeiner an das Auto herantraut. Wenn er nicht näher herangehen mag, zwingen Sie ihn nicht, sondern entfernen Sie sich und beschäftigen Sie sich anderweitig mit ihm. Probieren Sie es in angemessenen Abständen aber immer wieder, mit Ihrem Hund an das Fahrzeug mit laufendem Motor heranzugehen. Irgendwann wird er seine Angst überwinden und neugierig werden. Vergessen Sie nicht, ihn in diesem Fall ausgiebig zu belohnen.

Wenn Sie glauben, Ihr Vierbeiner könnte jetzt genug gefestigt sein, um die nächste Übung mit dem Auto zu beginnen, versuchen Sie Folgendes: Veranstalten Sie ein Leckerli-Suchspiel rund um das Fahrzeug. Lassen Sie ihn zuschauen, wie Sie neben, vor, hinter und im Auto die Leckereien deponieren. In den Kofferraum könnten Sie als kleine Hilfestellung eine bereits von Ihrem Hund benutzte Decke legen. Der bekannte Geruch wird es ihm erleichtern, hineinzuspringen. Nun lassen Sie ihn ein Leckerli nach dem anderen suchen, finden und naschen. Zeigen Sie ihm auch, dass im Inneren des Fahrzeugs noch Leckereien auf ihn warten. Vielleicht mag er nicht gleich beim ersten Mal komplett ins Auto steigen, lassen Sie ihm Zeit und haben Sie Geduld. Ihr Hund wird bald merken, dass der Haufen Blech ungefährlich ist und gerne die Naschereien freigibt.

Hat es dann mehrmals hintereinander gut funktioniert und Ihr Liebling steigt ohne Angst in das Fahrzeug ein, wird es Zeit, die Türen zu schließen. Hierfür haben Sie eine Leckerei ausgesucht, mit der Ihr Tier einige Zeit beschäftigt sein wird, vielleicht einen Kauknochen, den es gerne mag. Liegt Ihr Vierbeiner nun entspannt kauend im Kofferraum, machen Sie die Tür zu. Gleich danach öffnen Sie das Auto aber wieder, um zu sehen, wie es ihm geht. Zeigt er Angstzustände, wiederholen Sie erst einmal die vorherigen Schritte, bevor Sie erneut damit beginnen, die Kofferraumklappe zu schließen. Auch hier wird Ihr Hund Ihnen bald vertrauen und verstehen, dass keine Gefahr droht.

Ist dies der Fall, lassen Sie den Kofferraum zu und starten den Motor. Haben Sie Ihren Hund immer im Blick, damit Sie seine Reaktion sehen und erkennen können. Beim ersten Mal lassen Sie das Auto nur kurz laufen und machen es gleich wieder aus. Bleibt Ihr Hund ruhig, verlängern Sie die Zeiträume, bis Sie so weit sind, die ersten Meter zu fahren. Auch diese Trainingseinheit sollten Sie anfangs sehr kurzhalten, um sie dann immer wieder zu verlängern. Bleibt Ihr Hund ruhig, fahren Sie einfach ein Stück mit ihm weiter, reagiert er ängstlich, belassen Sie es bei einem Ein- und Ausparken. Mit der Zeit wird die Angst verfliegen und vielleicht macht es ihm dann auch Spaß, im Auto zu fahren. Haben Sie Geduld und viele, viele Leckerlis... dann wird das Autofahren bald zur Freude.

Sturheit

Manchmal werden Hunde als stur bezeichnet, weil sie einfach nicht gehorchen wollen. Meist handelt es sich hier aber um ein Missverständnis, denn kein Hund ist stur oder gehorcht nicht, weil er seinen Menschen ärgern will. Vielmehr könnte es daran liegen, dass Ihr Hund einfach das Kommando noch nicht oder nicht richtig kennt und es deshalb für ihn nicht eindeutig ist. Möglicherweise sieht Ihr Vierbeiner aber auch keinen Vorteil darin, Ihnen gerade jetzt zu gehorchen, und ein Ungehorsam erscheint ihm daher lohnenswerter. Oder aber es sind äußere Reize, die ihn stören, weil er noch nicht gelernt hat, damit umzugehen.

Haben Sie nun den Eindruck, Ihr Vierbeiner wäre stur, müssen Sie am Training etwas ändern, damit es wieder interessant wird. Üben Sie in kleineren Zeitabständen und fangen Sie ohne äußere Reize und Ablenkungen an. Hat Ihr Hund die Lektion gelernt, erhöhen Sie den Schwierigkeitsgrad, indem Sie Ablenkungen mit einfließen lassen. Dies können Geräusche sein, die sonst nicht vorhanden sind, oder andere Personen befinden sich in der Nähe. Wenn ein Kommando auch mit den äußeren Reizen sitzt, üben Sie andere Kommandos auf die gleiche Weise. So wird Ihr Hund gefestigt und sich weniger ablenken lassen.

Wie immer ist hier viel Geduld von Ihnen gefragt. Ihr Hund hat eine sehr niedrige Frustrationstoleranz. Das bedeutet, dass er schnell frustriert ist, wenn eine Übung zu lange dauert oder zu schwer ist. Die Konzentration bleibt dann auf der Strecke und er wird müde und lustlos. Die Situation überfordert Ihren Vierbeiner und schnell wird er als stur abgestempelt. Das ist aber nicht der Fall. Deshalb lieber immer kurze Übungsintervalle einlegen, als ein stundenlanges Training zu absolvieren.

Überlegen Sie auch einmal, welcher Rasse Ihr Liebling angehört. Es gibt verschiedene Hunderassen, die als stur bezeichnet werden, es aber

eigentlich gar nicht sind. Dazu zählen zum Beispiel Jagdhunde und Herdenschutzhunde. Solche Rassen sind darauf gezüchtet worden, selbstständig Entscheidungen zu treffen und auch die Befehle Ihres Herrchens manchmal in Frage zu stellen. Diese Hunde sind äußerst intelligent und sie folgen instinktiv nicht immer ihrem Menschen, weil sie alleine und ohne menschliche Hilfe agieren können und müssen. In diesem Fall sollten Sie sich selbst wieder interessanter für Ihren Hund machen, damit er Sie beachtet und auf Sie hört. Halten Sie immer Leckerlis bereit, die es für Ihren Hund lohnenswert machen, zu Ihnen zu kommen und Ihr Kommando zu befolgen. Haben Sie ein ausgesprochenes Leckermäulchen an Ihrer Seite, dürfte es nicht so schwierig werden, ihn zur Zusammenarbeit mit Ihnen zu motivieren. Ihre Überzeugungskraft in Form von Hundeleberwurst & Co. dürfte ausreichen, Ihrem Hund klarzumachen, dass es sich immer lohnt, auf Sie zu hören.
Hat Ihr Liebling kaum Interesse an Leckerlis, hilft nur eine ausreichende Beschäftigung. Vielleicht sollten Sie auch noch ein wenig an der Bindung zu Ihrem Hund arbeiten, denn wenn es hier Probleme gibt und die Bindung zwischen Ihnen beiden noch nicht sehr gefestigt ist, so wäre es nicht verwunderlich, dass der Gehorsam ausbleibt. Gegenseitiges Vertrauen ist die Basis und viel, viel Geduld die Würze dazu.

Im nächsten Kapitel gehen wir genauer auf die Erziehung des Hovawarts ein.

Die Haltung eines Gebrauchshundes

Der Hovawart ist ein Gebrauchshund und dementsprechend möchte er auch behandelt werden. In einer Stadtwohnung fühlt er sich generell nicht wohl, was nicht zuletzt auch seiner Größe zu verdanken ist. Diese Rasse braucht zumindest einen großen Garten, den er bewachen darf. Besser aufgehoben ist er aber auf einer großen Hofanlage. Hier findet er dann auch seine Aufgaben.

DER HOVAWART – EIN GEBRAUCHSHUND

Wie schon mehrfach erwähnt, ist der Hovawart ein Gebrauchshund. Deshalb ist es genetisch bei ihm verankert, eigene Entscheidungen zu treffen, sollte er der Meinung sein, dass ihm sein Rudelführer nicht stark genug erscheint. Sie müssen ihm also dementsprechend gegenübertreten, denn er wird es immer wieder mal austesten. Ihr Vierbeiner muss Sie immer als Rudelführer anerkennen, sonst haben Sie bald das Nachsehen. Wenn Ihre Position jedoch immer klargestellt ist, werden Sie keine Probleme mit Ihrem Hovawart haben.

Diese Rasse benötigt Aufgaben, um ausgelastet zu sein. Neben der Bewachung Ihres Hauses sollten aber noch weitere körperliche und geistige Aktivitäten hinzukommen. Da der Hovawart sehr bewegungsfreudig ist, braucht er viel Auslauf. Diesen können Sie ihm mit langen Spaziergängen oder Ausfahrten am Fahrrad bieten.

Auch für verschiedene Arten des Hundesportes ist der Hovawart zu begeistern. Allerdings sollten Sie zu anstrengende Belastungen nicht vor dem dritten Lebensjahr des Hundes beginnen, denn dann ist er erst ausgewachsen. Diese Rasse zählt zu den „Spätzündern“.

Lassen Sie es niemals dazu kommen, dass er sich eigene Aufgaben sucht, diese werden Ihnen mit Sicherheit nicht gefallen. Nehmen Sie sich viel Zeit für die Bespaßung Ihres Hovawarts, damit Sie immer einen freundlichen und ausgelasteten Begleiter und Bewacher an Ihrer Seite haben.

...AUCH EIN FAMILIENHUND?

Der Hovawart erfreut sich auch als Familienhund sehr großer Beliebtheit. Er braucht den Umgang mit seiner Familie mehr denn je, denn er ist ein ausgesprochenes Rudeltier. Hat er keine Artgenossen um sich herum, ist der soziale Kontakt zu seinen Menschen umso wichtiger.

Mit Kindern zeigt diese Rasse in der Regel keine Probleme oder Anzeichen, diese dominieren zu wollen, denn er ist sehr liebevoll, zeigt viel Toleranz und ist zudem noch äußerst verspielt. Allerdings sollte immer ein respektvoller Umgang mit dem Hund erfolgen. Dies müssen Sie Ihren Kindern natürlich beibringen. Ihr Hovawart spielt gerne mit Ihrem Nachwuchs, haben Sie aber trotzdem immer ein wachsames Auge dabei und lassen Sie Ihren Hund und die Kinder niemals allein spielen.

...ODER FÜR ANFÄNGER?

Als Anfängerhund ist der Hovawart nicht zu bezeichnen, denn er benötigt die konsequente Erziehung einer erfahrenen Hand. Sie müssen immer als ein angemessener Rudelführer auftreten, damit Ihnen Ihr Vierbeiner diese Rolle nicht abnimmt.

Sollten Sie keinerlei Erfahrung mit Hunden haben, möchten sich aber dennoch einen Hovawart anschaffen, weil Sie sich in diese Rasse verliebt haben, dann suchen Sie sich bitte Hilfe in einer Hundeschule. Das Personal ist hier gut ausgebildet und kennt sich mit jeglichen Hunderassen aus. Sie werden während der Erziehung Ihres Vierbeiners gut betreut. Zudem kann Ihr Hovawart hier soziale Kontakte mit gleichaltrigen Artgenossen aufbauen, was für seine Entwicklung und Sozialisierung sehr wichtig ist.

Die Pflege

Jeder Hund braucht gute Pflege. Dann sind Sie ihm ganz nah und Ihre Nähe liebt er ohnehin.

Dennoch kann es sein, dass er gewisse Dinge nicht so gerne hat. Wer mag schon gerne gebürstet oder gebadet werden? Doch vielleicht ist das bei dieser Rasse gar nicht nötig.

Fragen über Fragen. Natürlich wollen Sie alles richtig machen und sich sicher sein, dass es Ihrem Hund auch wirklich gut geht. Das ist gar nicht so schwer. Die folgenden Punkte zeigen Ihnen, wie es geht und wie die optimale Pflege für Ihren Hund aussieht.

1. Das richtige Kämmen

Es ist wichtig, dass Sie Ihren Hund regelmäßig kämmen. Das lange Fell neigt schnell zu Verfilzungen und ist das erst einmal passiert, hilft oftmals nur noch das Schneiden. Das wird aber weder Sie noch Ihren Hund freuen.

Wie oft sollten Sie sich der Fellpflege widmen? Optimal wäre es, wenn Sie sich dafür ein- bis zweimal die Woche Zeit nehmen. Hier ist es wichtig, dass Sie keine Eile haben. Kämmen Sie in aller Ruhe das Fell Ihres Vierbeiners, damit Sie auch wirklich alle Verknotungen erwischen.

Damit aber noch nicht genug. Bei diesem Hund ist es von Vorteil, wenn Sie mindestens zwei Kämme verwenden. Arbeiten Sie sich durch alle Fellschichten, diese können auch unterschiedlich stark sein. Wählen Sie für die dichten Bereiche einen groben Kamm und für die feineren eher feine Kämme.

Wie schon gesagt, ist hier wirklich Ruhe gefragt. Nicht alle Hunde mögen das Kämmen, auch ihr Hund könnte da unterschiedliche Meinungen vertreten. Aber das werden Sie recht schnell herausfinden.

Entweder läuft Ihr Schützling weg oder er legt sich genüsslich neben Sie und genießt die besondere Streicheleinheit. Im Großen und Ganzen spielt es aber keine Rolle, wie er darauf reagiert: Die Fellpflege, wenigstens einmal in der Woche, muss in jedem Fall sein, ob der Hund das möchte oder nicht. Hier müssen Sie sich durchsetzen, andernfalls hilft nur noch eines: Abschneiden! Sicher keine Option, die auch Ihr Hund gutheißen würde.

2. Die Augenkontrolle

Wie Sie schon erfahren haben, sind besonders Hunde anfällig für Augenerkrankungen. Die angeführten Erkrankungen (z. B. Grauer Star) sind natürlich genetisch gegeben und können nicht unbedingt verhindert werden. Es ist aber wichtig, dass Sie anderen Störungen im Sehbereich vorbeugen, damit nicht weitere Schäden entstehen können. Schauen Sie jeden Tag in die Augen Ihres Hundes und achten Sie besonders auf Verkrustungen. Diese können Sie vorsichtig mit einem feuchten Tuch oder etwas Wasser entfernen. Es ist meistens nichts weiter als das, was wir als „Schlafsand“ bezeichnen würden. Ihr Hund kann sich diesen aber nicht selbst entfernen. Vielleicht stört er auch nicht einmal. Bleibt dieser dauerhaft und immer wieder in den Augen, kann es aber durchaus zu Entzündungen kommen, die wiederum andere Erkrankungen beschleunigen oder unterstützen können.

Andere Verschmutzungen, bedingt durch das Spielen im Freien, können ebenfalls entstehen und bei Nichtbeachtung zu Problemen führen.

Selbstverständlich müssen Sie nicht jede Stunde hinter Ihrem Hund stehen und in seine Augen schauen. Es reicht völlig aus, wenn Sie das morgens oder abends machen. Finden Sie hier einen Rhythmus, den Sie gut in den gemeinsamen Alltag einbringen können.

Achten Sie auch darauf, was Ihrem Hund bei der Reinigung guttut. Bitte nicht mit Tropfen oder ähnlichen Mitteln behandeln, sollten Sie unsicher sein. In einem solchen Fall ist es immer besser und angesagt, einen Arzt aufzusuchen. Er kann Ihnen genau sagen, ob es eine weitere

Behandlung braucht oder Sie bei der Reinigung etwas anders machen können.

3. Blick in die Ohren

Ein täglicher Blick in die Schlappohren des Hundes ist mehr als wichtig. Hunde, die Hängeohren haben, sind ohnehin immer stärker für Verschmutzungen und Krankheiten anfällig.

Wichtig ist für Sie, zu wissen, dass Sie die Ohren nicht unbedingt jeden Tag reinigen müssen. Aber ein Blick sollte schon riskiert werden. Nehmen Sie Ihren Hund an Ihre Seite und schauen Sie kurz in seine Ohren. Einfach das Ohr anheben und überprüfen, ob etwas seltsam aussieht.

Vielen Haltern fällt hier ab und an schon ein seltsamer Geruch auf. Dann ist es an der Zeit, das Ohrenschmalz (oder andere Verunreinigungen) zu entfernen. Eines sollten Sie aber nie vergessen: Manche Halter möchten alles mehr als richtig machen und denken, was für einen Menschen gut ist, kann auch für einen Hund nicht schlecht sein. Bitte greifen Sie, auch wenn Sie diese Gedanken haben, nicht zu Ohrenstäbchen oder anderen spitzen Reinigungswerkzeugen. Sie wissen nicht, wann Ihr Hund sich bewegt und ein Zucken im falschen Augenblick kann zu Verletzungen führen, deren Auswirkungen niemand einschätzen kann.

Versuchen Sie stattdessen, mit einem nassen Tuch den Schmutz zu entfernen und dabei so vorsichtig wie möglich vorzugehen. Reden Sie dabei beruhigend auf den Vierbeiner ein und halten Sie ihn sanft fest.

Die Ohrenreinigung ist sicherlich keine angenehme Sache, weder für Sie noch für Ihren Hund. Sie ist aber dennoch sehr wichtig und sollte nicht aufgeschoben werden. Wenn Sie es ein paar Tage nicht schaffen, sollte nichts passieren. Aber dann ist es wichtig, wieder einen Blick zu riskieren.

In den Schlappohren des Hundes sammelt sich recht schnell viel an. Wenn Sie zu lange warten, kann es schnell zu einer Entzündung kommen, die dann wiederum beim Arzt behandelt werden muss.

Schmutz, Ohrenschmalz oder Geruch: Geben Sie diesen Unreinheiten keine Chance und verhelfen Sie Ihrem Hund zu einem guten Gehör ohne Schmerzen.

4. Die Maul-Kontrolle

Das klingt vielleicht seltsam, aber auch Hunde können Zahnprobleme bekommen. Wie sich das anfühlt, haben Sie vielleicht selbst schon einmal erfahren müssen. Das sind große Schmerzen und an Spielen und Fressen ist da gar nicht mehr zu denken.

Welche Möglichkeiten haben Sie? Das klingt unglaubwürdig, aber es gibt durchaus Halter, die Ihrem Hund die Zähne putzen. Verwenden Sie dazu aber bitte nicht die Zahncreme aus dem normalen Handel. Wenn Sie das auch probieren möchten, fragen Sie bitte den Tierarzt. Er kann Ihnen eine Empfehlung geben, Ihnen ab- oder zuraten und auch sagen, mit welchem Mittel und welcher Bürste Sie die Zahnpflege unterstützen können.

Sollte das aber für Sie keine Option sein, muss Ihr Hund dennoch nicht auf saubere und gepflegte Zähne verzichten. Es gibt heute schon durchaus eine große Auswahl an Kauknochen, die den gleichen Effekt haben. Oftmals finden Sie hier auf der Verpackung Worte wie „Dental-„ oder „Denta-Sticks“. Schauen Sie sich im Geschäft um. Sie müssen hierfür auch nicht in eine Zoohandlung. Meistens sind diese Produkte schon in jedem Discounter erhältlich.

Sie brauchen sich auch keine Gedanken machen, dass Ihr Hund die Sticks vielleicht nicht mag, weil sie einen seltsamen Geschmack haben könnten. Eines ist sicher: Ihr Hund wird Sie lieben, denn von der pflegenden Wirkung wird er nichts schmecken. Mit der Zeit wird er es aber merken und nicht nur Ihr Hund, sondern auch Sie können sich über gesunde Zähne freuen.

Wie oft Sie diese Sticks verwenden sollten, lesen Sie am besten auf der Verpackung nach. Das ist von Hersteller zu Hersteller unterschiedlich.

Sie sind noch immer nicht überzeugt? Auch kein Problem, denn es gibt noch eine Möglichkeit, die Ihnen sicherlich mehr Überzeugung schenkt. Geben Sie Ihrem Vierbeiner regelmäßig einen Knochen, egal, ob es sich um einen Fleisch- oder Büffelhautknochen handelt. Diese haben einen ähnlichen Effekt. Die Tiere nagen an der harten Oberfläche und können so Schmutz und Beläge von den Zähnen entfernen. Dazu sagt Ihr Vierbeiner sicherlich nicht Nein.

5. Zeckenkontrolle, Flöhe und Milben

Ganz gleich, ob Sie einen Spaziergang gemacht haben oder nicht: Kontrollieren Sie das Fell Ihres Hundes täglich nach Zecken oder anderen „Bewohnern". Sie haben nun schon gehört, welche Krankheiten durch die Tiere ausgelöst werden können.

Aber seien Sie nicht zu besorgt, wenn Sie ein solches Tier finden sollten. Das heißt nicht, dass Ihr Hund sich sofort eine schlimme Erkrankung zugezogen hat. Krankheiten, die durch Zecken und andere Tiere übertragen werden, sind zwar möglich, aber nicht der Regelfall. Sollten aber dennoch Veränderungen an Ihrem Vierbeiner auffallen, wissen Sie beim Arzt schon, worauf Sie verweisen können. Aber das ist wirklich nicht die Regel.

Doch wie können Sie das Fell am besten untersuchen? Sie können dafür einfach die Finger nutzen und Stück für Stück den Körper des Hundes absuchen. Haben Sie etwas gefunden? Dann heißt es, genau nachzuschauen. Meistens sind die Zecken recht groß und können mit den Fingern vorsichtig herausgedreht werden. Achten Sie darauf, dass Sie wirklich alles erwischen und nichts in der Haut steckenbleibt. Gelingt es Ihnen mit den Fingern nicht, können Sie auch eine Pinzette oder Zeckenzange zur Hand nehmen. Zweiteres gibt es in jeder Apotheke.

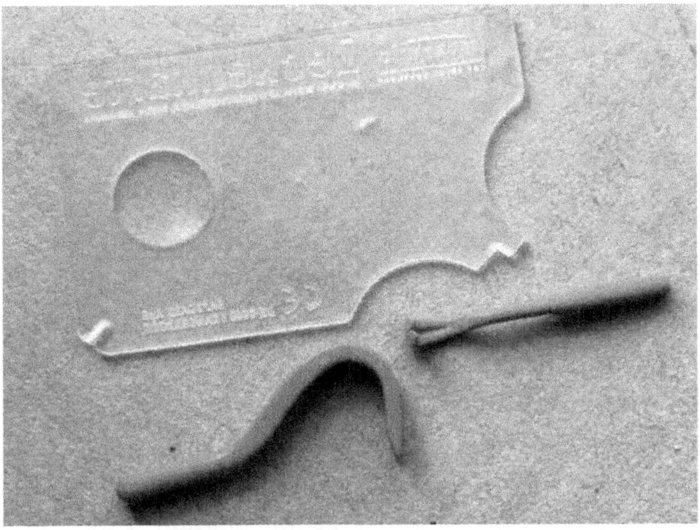

Unsere Zeckenausrüstung, ©rgladel

Wollen Sie aber nicht mit den Händen suchen, können Sie auch zu einem Kamm greifen. Hierfür gibt es ganz Spezielle. Mit einem normalen Kamm werden Sie nicht unbedingt Erfolg haben. Fragen Sie in der Zoohandlung nach einem Flohkamm. Dieser ist sehr fein und sorgt dafür, dass Sie auch wirklich alles finden. Selbst den kleinsten Floh können Sie damit aufspüren, daher auch der Name.

Probieren Sie ruhig aus, was Ihnen am besten gefällt. Viel wichtiger ist es aber vielleicht auch, was Ihr Hund dazu sagt. Mag er das eine nicht, kann vielleicht das andere helfen. Wichtig ist nur, dass Sie sich nicht überzeugen lassen, nicht mehr nach Flöhen und Zecken zu suchen. Besonders nach einem großen Spaziergang ist das Absuchen des Fells mehr als wichtig.

Kleiner Hinweis: Wenn Sie tatsächlich eine Zecke gefunden haben und diese entfernen konnten, müssen Sie sie vernichten. Bitte nicht nur ins Gras werfen und vergessen. Nur weil das Tier schon eine Zeit in dem Hund gesteckt hat, heißt es nicht, dass es das nicht noch einmal kann. Auch wenn es nicht schön aussieht: Einfach zertreten oder anderweitig von dannen befördern. Das ist in jedem Fall besser als ein weiterer Zeckenbiss und somit kommt Ihr Vierbeiner auch nicht auf den Gedanken, das kleine Krabbeltier vielleicht doch noch zu fressen.

Milben kommen leider bei einem Hund doch sehr häufig vor. Sie sind den Spinnentieren zuzuordnen und lauern meist auf Wiesen und Feldern im Gras. Nur allzu schnell hat sich Ihr Vierbeiner welche eingefangen, wenn er denn durch das Gras läuft.

Es gibt in Europa verschiedene Arten von Milben, so zum Beispiel die Demodex-Milben, die Grasmilben, die Raubmilben, die Ohrmilben, die Grabmilben sowie die Räude-Milben. Einige gehen auch auf den Menschen über und können Krankheiten, wie die Krätze, übertragen.

Einige Symptome sind bei jeder Art von Milben gleich, aber es gibt auch spezifische, anhand derer erkannt werden kann, um welche Milbenart es sich handelt.

Allgemein kann ein sehr starker Juckreiz auftreten. Ihr Hund wird sich pausenlos kratzen. Es kann zu einer Schuppenbildung auf der Haut kommen und das Fell kann ausfallen. Durch das ständige Kratzen entstehen wunde Stellen und Ekzeme. Weiterhin kann es durch die offenen Stellen zu Entzündungen und weiteren Infektionen kommen.

Bei einem Befall mit Ohrmilben sind die Symptome auch nur an den Ohren zu erkennen.

Ein schneller Termin beim Tierarzt ist nun unumgänglich, denn einige Milbenarten können sehr ansteckend sein und auch auf den Menschen übergehen. Andere Haustiere sollten ebenfalls auf einen Befall untersucht und dementsprechend behandelt werden.

Ihr Veterinär wird Ihnen Medikamente mitgeben, die den Juckreiz eindämmen. Vielleicht empfiehlt er Ihnen auch ein spezielles Shampoo oder ein Puder. Damit müssen Sie Ihren Vierbeiner dann nach Anweisung behandeln. Denken Sie auch an das Hundebettchen, denn auch hier können sich die Milben aufhalten.

Sollten Sie in Ihrem Garten Herbstgrasmilben haben, so mähen Sie ihn öfter als normal und entsorgen Sie den Rasenschnitt. Lassen Sie Ihren Hund nur im Gras herumtollen, wenn dieses nass ist. Dann halten sich dort nicht so viele Milben auf.

Gegen Milben vorbeugen ist nicht einfach, aber wenn Ihr Hund schon von vornherein ein gesundes und starkes Immunsystem hat, ist ein Befall weniger risikoreich. Deshalb gönnen Sie Ihrem Vierbeiner eine gute und ausgewogene Ernährung und lassen Sie ihm eine ausreichende Bewegung zukommen. Suchen Sie nach jedem Spaziergang das Fell Ihres Hundes nach Parasiten ab. So können Sie schon reagieren, bevor sich der Befall bemerkbar macht. Manchmal wird geraten, den Hund nach jedem Freigang zu waschen, damit eventuell vorhandene Plagegeister ausgespült werden. Dies ist aber für die Haut und das Fell Ihres Lieblings nicht sehr förderlich. Aber sein Halsband oder das Geschirr sollten Sie regelmäßig gründlich saubermachen, ebenso die Hundedecken aus dem Körbchen. Bei Grab- oder Demodexmilben können Sie verdünnten Apfelessig anwenden. Achten Sie aber darauf, dass diese Mischung nicht in die Augen Ihres Hundes oder auf offene Wunden gelangt. Möglich wäre auch die Anwendung von Kokosöl. Bei einigen Milbenarten werden damit die Atemlöcher verstopft und sie sterben somit ab. Halten Sie aber immer Rücksprache mit Ihrem Tierarzt, wenn Sie solche Hausmittel anwenden möchten. Nicht immer ist dies der richtige Weg und ratsam.

Sollten Sie eine ungewöhnliche Unruhe bei Ihrem Vierbeiner feststellen und sehen, dass er sich bestimmte Stellen oft ableckt oder daran knabbert und sich viel kratzt, dann suchen Sie sein Fell nach Flöhen ab. Wahrscheinlich wird ein Flohbefall die Ursache dafür sein. Flöhe sind zwar sehr klein, nur etwa 4 mm groß, aber dennoch gut zu erkennen. Sie sind meist schwarz, an der Seite flach und können sehr weit springen. Um einen Flohbefall sicher festzustellen, nehmen Sie einen feinen Floh-Kamm und fahren damit durch das Fell Ihres Hundes. Sind Flöhe vorhanden, finden Sie diese oder aber deren Hinterlassenschaften in Form von kleinen schwarzen

Krümeln im Kamm wieder. Wenn Sie nun diese schwarzen Krümel in einem feuchten Taschentuch zerreiben, wird es sich rötlich-braun färben. Dann handelt es sich um Flohkot.

Unser Flohkamm als nützliches Hilfsmittel, ©rgladel

Nun müssen Sie schnell etwas gegen die Flöhe unternehmen, denn sie werden sich nicht nur im Fell Ihres Vierbeiners einnisten, sondern auch in seinem Körbchen und überall dort, wo sich Ihr Hund aufhält. Zudem können durch das ständige Kratzen und Lecken Infektionen an der Haut entstehen und die Flöhe können außerdem noch andere Krankheiten übertragen. So wäre es denkbar, dass Ihr Vierbeiner durch die Flöhe eine Hirnhautentzündung oder das Fleckfieber bekommen könnte. Auch eine allergische Reaktion auf die Flohbisse kann auftreten und, worüber sich kaum Gedanken gemacht wird, durch die Flöhe können Würmer übertragen werden. Dies alles ist auch für den Menschen nicht ungefährlich. Deshalb führen Sie bei einem Flohbefall auch immer eine Wurmkur durch.

Es gibt verschiedene Flohbekämpfungsmittel im Handel oder beim Tierarzt zu kaufen. Welches das richtige für Ihren Hund ist, können Sie mit Ihrem Tierarzt besprechen. Es stehen Pipetten zur Verfügung, sogenannte Spot-Ons, deren Inhalt in den Nacken des Tieres geträufelt wird. Dies ist sogar prophylaktisch möglich, damit der Hund erst gar keine Flöhe bekommt. Auch Sprays können hilfreich sein, allerdings müssen Sie darauf achten, dass es auf einem Tier angewendet werden kann. Weiterhin gibt es Flohhalsbänder, die einen für Flöhe tödlichen Wirkstoff enthalten. Wenn Sie es lieber ohne Chemie versuchen möchten, so probieren Sie einmal Kieselerde bzw. Kieselgur aus. Dieses sehr feine Puder können Sie im Fell Ihres Hundes verteilen. Auch für das Hundebettchen lässt es sich anwenden und Ihr Tier verbreitet dieses Pulver selbstständig überall dort, wo es sich aufhält. Es dauert zwar etwas länger, bis der Flohbefall besiegt ist, aber es wirkt dafür sehr langanhaltend. Wichtig bei jeder Art der verschiedenen Anwendungen ist es, dass Sie alle im Haushalt befindlichen Tiere gegen Flöhe behandeln. Sonst besteht die Gefahr, dass sie von einem Tier auf das andere springen und somit niemals vollständig ausgerottet werden.

Leider macht der Floh keinen Unterschied, ob er sich als Wirt einen adulten Hund oder einen Welpen aussucht. Bei Welpen ist aber mit Flohmitteln vorsichtig umzugehen, denn das Immunsystem ist noch nicht voll ausgereift. Sprechen Sie hier unbedingt mit Ihrem Tierarzt, welches Antiflohmittel Sie gefahrlos anwenden können, ohne Ihrem kleinen Liebling damit zu schaden.

Für die Umgebung des Hundes gibt es ebenfalls verschiedene Sprays, aber nicht immer werden auch die Floheier und -larven abgetötet. Sie sind meist in Ritzen und dunklen Ecken Ihrer Wohnung vorhanden. Deshalb sollten Sie jetzt täglich zum Staubsauger greifen. Dadurch schlüpfen die Larven eher und Sie können mit Antiflohmitteln bekämpft werden. Sollte die Wohnung zu sehr betroffen sein, können Sie sogenannte „Fogger" einsetzen. Allerdings können Sie Ihr Zuhause dann mehrere Stunden nicht mehr betreten und müssen alle Einrichtungs-gegenstände akribisch säubern. Eine sehr umständliche Methode, aber einige Hundehalter schwören darauf.

Nun fragen Sie sich bestimmt, woher Ihr Hund überhaupt die Flöhe hat. Dies ist schnell passiert, wenn Sie mit Ihrem Vierbeiner draußen unterwegs sind. Die kleinen Plagegeister lauern im Gras oder im Fell anderer Hunde, mit denen Ihrer gespielt hat. Die Puppen und Larven eines Flohs können sogar mehrere Monate ohne Nahrung überleben und landen dann irgendwann im Fell Ihres Vierbeiners. Und dann müssen Sie noch bedenken, dass ein Floh über einen halben Meter weit springen kann. Leider sind unsere Winter auch nicht mehr so bitter kalt, als dass eine Flohpopulation abstirbt, und wenn sich erst welche in der Wohnung befinden, haben sie es hier besonders leicht, sich schnell zu vermehren. Ein Weibchen kann in wenigen Wochen viele hundert Eier produzieren, die irgendwann vom Hund abfallen und sich so in der gesamten Wohnung verteilen. Deshalb ist eine Bekämpfung auch innerhalb der eigenen vier Wände so wichtig. Aus den Eiern schlüpfen nach kurzer Zeit die Flohlarven. Diese sind überwiegend in dunklen Ritzen oder in Kleidung und Textilien sowie in Teppichen zu finden. Die Larven sind sehr robust und nur schwer zu entfernen. Im nächsten Zyklus verpuppt sich die Larve und kann so viele Wochen und Monate überleben. Selbst Chemikalien machen der Puppe kaum etwas aus. Nun kommt der adulte Floh zum Vorschein und ist bereit, neue Eier zu legen. Einer regelrechten Flohplage Herr zu werden, ist sehr schwer. Deshalb tun Sie sich den Gefallen und kontrollieren Sie Ihren Hund regelmäßig auf Parasiten.

6. Ernährung und Bewegung

Es ist wichtig, dass Sie jeden Tag auf die Ernährung Ihres Vierbeiners achten. Falls er Sie also nach dem Frühstück mit großen Augen ansieht und nach mehr verlangt, geben Sie nicht nach. Er wird satt sein, auch wenn er es für den Moment noch nicht merkt. Das ist wie beim Menschen: Essen wir schnell und denken nicht weiter darüber nach, haben wir nach der Mahlzeit auch noch Hunger. Erst später stellt sich das ein, was wir Sättigungsgefühl nennen. Das ist bei Ihrem Vierbeiner nicht anders.

Wichtig ist also, dass Sie sich an die bestimmten Futtermengen halten. Natürlich darf es zwischendurch als Belohnung auch ein Leckerli geben, aber auch hier ist die Menge wichtig. Bitte nicht zu viel, sonst verschwindet auch schnell der Belohnungseffekt.

Weiterhin wichtig ist ausreichend Bewegung. Ein Hund, der gut frisst, braucht auch Bewegung. Besonders für den Hund ist das wichtig, da er ohnehin den Jagdtrieb in sich trägt. Sollte er mit Ihnen in einer Wohnung leben, gehen Sie mindestens zwei- bis dreimal am Tag mit ihm nach draußen. Das wird er lieben.

Hat er ausreichend Platz und ein großes Grundstück zur Verfügung, sollte auch schon einmal täglich ausreichen, aber er wird auch nicht „Nein" sagen, wenn Sie eine zweite Runde mit ihm drehen. Finden Sie heraus, was ausreichend ist, und bewegen Sie ihn so viel es geht. Sollte es aus bestimmten Gründen nicht möglich sein, könnten Sie auch täglich eine große Spielrunde mit ihm absolvieren. Das ist in der Wohnung sicherlich nicht einfach, aber auf einem Grundstück kein Problem. Wichtig ist nur, dass er sich bewegt. Dann fühlt sich Ihr Hund so richtig wohl.

Kurzum: Ein Gleichgewicht zwischen Bewegung und gesunder Ernährung ist für Ihren Hund das Beste, was es gibt. Diese Rasse neigt schneller zu Übergewicht als andere Hunde. Sollte hier etwas auffällig sein, wird Ihr Tierarzt es Ihnen sagen. Spätestens dann muss etwas getan werden.

7. Überprüfung der Pfoten

Es mag für manche Halter überflüssig erscheinen, aber das Überprüfen der Pfoten, besonders im Winter, sollte täglich erfolgen.

Wenn Sie viel mit Ihrem Hund spazieren gehen, kann es in der kalten Jahreszeit passieren, dass sich Reste von Streusalz unter den Pfoten und an den Krallen sammeln. Mit der Zeit kann es schmerzen und zu kleinen Verletzungen führen. Führen Sie nach der Wanderung eine Überprüfung durch und reinigen Sie bei Bedarf vorsichtig die Ballen.

Wenn Sie möchten, können Sie die Pfoten Ihres Vierbeiners auch regelmäßig cremen. Dabei spielt die Jahreszeit nur eine untergeordnete Rolle. Im Winter wird es gut für ihn sein, aufgrund des Salzes. Im Sommer ist er sicherlich viel auf heißen Untergründen unterwegs. Es ist dann sicherlich eine Wohltat, wenn seine Pfoten kurz gecremt werden.

Verwenden Sie dafür eine sanfte Creme ohne viel Zusatzstoffe und Parfum. Haben Sie so etwas nicht im Haus, können Sie auch beim nächsten Besuch den Tierarzt fragen. Auch in der Tierhandlung ist sicherlich ein Rat möglich. Die Zeit drängt nicht.

Wichtiger ist es, dass Sie die Pfoten und Krallen täglich kontrollieren, damit es dort durch verschiedene Untergründe nicht zu Entzündungen kommt.

Bei der Fellpflegeroutine kontrollieren Sie auch die Pfoten Ihres Hundes. Schauen Sie nach, ob sich Fremdkörper und/oder Schmutz festgesetzt haben, denn dies kann Ihrem Vierbeiner Schmerzen bereiten.

Achten Sie darauf, dass die Ballen der Pfoten glatt und weich sind. Weisen sie Risse auf oder hinterlassen einen trockenen Eindruck, so behandeln Sie die Pfoten mit Vaseline, Melkfett oder einer speziellen Creme.

Sollte Ihr Vierbeiner über eine äußerst lange Behaarung an den Pfoten verfügen, kann es sinnvoll sein, das Fell hier zu stutzen. So ist die Gefahr geringer, dass sich Fremdkörper festsetzen. Zudem können Sie sie schneller ausfindig machen und entfernen.

Es kann erforderlich werden, die Krallen Ihres Hundes zu kürzen, wenn sich diese nicht auf natürlichem Weg abnutzen. Hier müssen Sie sehr vorsichtig sein, denn die Krallen eines Hundes sind durchblutet. Schneiden Sie hier zu viel ab, entstehen Blutungen und Schmerzen. Sollten Sie sich das Krallenschneiden nicht zutrauen, so wenden Sie sich vertrauensvoll an Ihren Tierarzt. Die Pfotenpflege ist besonders im Winter und bei sehr heißen Temperaturen im Sommer wichtig, denn dann sind die Pfoten von Hunden ganz besonders stark beansprucht. Ein paar Dinge können Sie aber immer für die Pflege der Hundepfoten tun. Halten Sie das Fell an den Pfoten kurz genug, damit sich keine Verfilzungen bilden können. Darin können sich Splitter, kleine Steinchen oder sogar Milben sammeln, die dem Hund Schmerzen verursachen können. Es gibt spezielle Fellscheren mit einer abgerundeten Spitze, sodass Sie den Hund nicht aus Versehen piksen.

Auch die Fußballen benötigen eventuell besonderer Pflege, wenn Ihr Hund dazu neigt, trockene Ballen zu haben. In diesem Fall können sich kleine Risse bilden, die Schmerzen und Entzündungen verursachen können. Massieren Sie täglich ein fetthaltiges Pfotenbalsam in die Ballen ein. Dadurch bildet sich ein Schutzfilm, der das Einreißen der Ballen verhindert. Bei extremen Temperaturen, sei es Hitze oder Kälte, kann es sinnvoll sein, Ihrem Hund Schuhe anzuziehen. Viele Hunde müssen sich daran erst einmal gewöhnen, solche Schuhe können aber ein wichtiger Schutz für die Pfoten sein.

Zur Pflegeroutine sollte auf jeden Fall eine ordentliche Kontrolle der Pfoten gehören. Achten Sie auf kleine Verletzungen und Risse sowie auf mögliche Fremdkörper und Schmutz, die sich zwischen den Zehen verfangen können. Reinigen Sie die Pfoten regelmäßig mit lauwarmem Wasser. Dadurch lösen sich Fremdkörper, die sich unbemerkt in den Zwischenräumen ansammeln können.

8. Krallen

Werfen wir an diesem Punkt nochmals einen kurzen Blick auf die Krallen. Hier geht es nicht nur um Verletzungen. Viele Halter schenken diesem Bereich keine große Bedeutung und das ist vielleicht auch gar nicht so verwunderlich. Es herrscht die allgemeine Meinung, dass die Krallen des Hundes sich von selbst kürzen. Er ist viel unterwegs, auch auf hartem Untergrund, das sollte somit kein Problem sein. Doch so ist es nicht immer.

Sie können Glück haben, es schadet aber nicht, wenn Sie auch hier regelmäßig nachschauen. Haben Sie das Gefühl, dass die Krallen zu lang oder eingewachsen sind, können Sie diese ruhig kürzen. Das Problem wird nur sein, ob Ihr Hund während dieser Prozedur stillhält. Trauen Sie sich das nicht zu, fragen Sie den Tierarzt. Er kann es Ihnen zeigen und beim nächsten Mal schaffen Sie es sicherlich schon allein.

Vergessen Sie auch nicht die Wolfskralle!

8.1. Krallen schneiden

Der beste Zeitpunkt zum Schneiden der Krallen ist entweder nach einem Spaziergang oder nach der Spielzeit. Dann ist Ihr Hund müde und er lässt diese Prozedur gelassener über sich ergehen.

Das Krallenschneiden bei Hunden ist genauso wichtig wie das Schneiden der Fingernägel bei Ihnen. Krallen wachsen ständig nach und werden irgendwann zu lang sein, wenn sie sich durch Bewegung nicht genug abnutzen.

Bei einigen Hunden geht das Abnutzen der Krallen automatisch, bei anderen wiederum nicht. Große und schwere Hunde haben weniger Probleme mit langen Krallen als kleine und leichte Vierbeiner. Außerdem ist noch die Härte der Krallen ausschlaggebend, ob sie sich gut abnutzen oder eben nicht.

Die richtige Länge der Krallen ist aber wichtig für gesunde Beine. Sind sie zu lang, wird der Fußballen nach oben gedrückt und es kann zu Fehlstellungen der Knochen und Bänder kommen. Außerdem besteht die Gefahr, dass sich Ihr Hund die Krallen abreißt oder sie brechen ab. Dies kann zu erheblichen Schmerzen führen. Durch die korrekte Länge der Krallen kann Ihr Hund die Pfote gut abrollen lassen und er kann dann deutlich besser laufen. Und zu guter Letzt leidet Ihr Fußboden weniger, wenn Ihr Hund die Krallen schön hat.

Doch woran erkennen Sie nun, ob die Krallen zu lang sind? Diese sollten zum Fußboden einen Abstand von etwa zwei Millimetern haben. Das ist schwierig zu messen… nehmen Sie ein Blatt Papier und versuchen Sie, dieses unter die Pfote bis zum Ballen Ihres Vierbeiners zu schieben. Gelingt Ihnen das nicht, sind die Krallen zu lang und müssen gekürzt werden.

Nun müssen Sie ein wenig Geschick aufbringen, wenn Sie Ihrem Hund die Krallen selbst schneiden möchten. Sie dürfen auf keinen Fall zu viel abschneiden, denn dann entsteht eine Blutung und Ihr Liebling hat Schmerzen.

In den Krallen sind Blutgefäße vorhanden. Bei hellen Krallen halten Sie einmal eine Taschenlampe dagegen, dann können Sie diese gut erkennen. Nur der Teil der Kralle, der nicht durchblutet ist, darf abgeschnitten werden.

Sind die Krallen dunkel gefärbt, haben Sie nur die Möglichkeit, sich langsam mit einem Nagelknipser vorwärts zu tasten. Schneiden Sie immer nur minimal kleine Stücke der Kralle ab, bis Sie auf einen kleinen schwarzen Punkt stoßen. Dann haben Sie das Blutgefäß erreicht und müssen aufhören. Vielleicht gelingt es Ihnen, mit der Lampe Ihres Handys die Blutgefäße in der dunklen Kralle zu erkennen. Eine solche Lampe scheint sehr hell. Wenn Sie diese Prozedur öfter durchgeführt haben, werden Sie mit der Zeit ein Gefühl dafür entwickeln und automatisch wissen, wie weit Sie die Krallen kürzen können.

Denken Sie auch an die Wolfskrallen an den Hinterbeinen Ihres Hundes. Die Wolfskralle ist die fünfte Zehe und hat normalerweise keinen Bodenkontakt. Sie kann, wenn sie nicht regelmäßig gekürzt wird, in die Haut hineinwachsen. Zudem besteht die Gefahr des Hängenbleibens.

Nun soll es also losgehen mit dem Krallenschneiden. Als Erstes sammeln Sie alle Utensilien zusammen, die Sie dafür brauchen. Dieses wäre in erster Linie natürlich die Krallenschere und, falls Ihnen doch ein Missgeschick passieren sollte, ein Stück Seife oder ein Blutungsstiller für Hunde sowie eine spezielle Hundesocke. Einen geeigneten Blutungsstiller können Sie im Fachhandel oder bei Ihrem Tierarzt sowie im Internet beim „großen A“ erwerben.

Das Schneiden der Krallen geht am leichtesten, wenn Ihr Vierbeiner liegt. Hat er ein stabiles Vertrauen zu Ihnen, wird er ruhig und entspannt sein. Sind Sie selbst aufgeregt, weil Sie zum ersten Mal die Krallen schneiden, so wird auch Ihr Hund unruhig sein.

Halten Sie nun seine Pfote fest in Ihrer Hand. Am besten beleuchten Sie Ihr Arbeitsumfeld, damit Sie gut sehen können. Durchleuchten Sie auch die Krallen Ihres Vierbeiners, um die Blutgefäße zu erkennen. Sie selbst dürfen auch gerne ein Vergrößerungsglas oder eine Tischlupe benutzen, damit Sie alles noch besser im Blick haben.

Sollte Ihr Hund die Pfote wegziehen wollen, so halten Sie sie gut fest. Schneiden Sie die Kralle im rechten Winkel zur Wuchsrichtung ab und immer nur ein kleines Stückchen, damit die innenliegenden Blutgefäße intakt bleiben. Ihr Krallenschneider wird vermutlich einen Abstandshalter haben, aber bitte verlassen Sie sich nicht ausschließlich auf diesen, sondern schauen Sie immer selbst genau hin.

Wenn Ihr Liebling die ganze Prozedur ruhig und gelassen mitgemacht hat, loben Sie ihn ausgiebig und verwöhnen ihn mit seinen Lieblingsleckerlis. Nun kann es auch bei bester Übung natürlich einmal passieren, dass Sie doch zu weit geschnitten haben. Dafür haben Sie sich das „Notfallset" bereitgelegt. Denn wenn es erst einmal geschehen ist und die Kralle blutet, müssen Sie schnell handeln.

Stecken Sie die blutende Kralle in das weiche Stück Seife. Die Blutung sollte nun zügig zum Stillstand kommen und die Seife bildet eine Schutzschicht. Ziehen Sie jetzt die Hundesocke über die Pfote, damit die Seife daran haften bleibt. Sie können natürlich auch den erwähnten Blutungsstiller statt der Seife anwenden. Etwa eine Woche darf Ihr Vierbeiner jetzt mit dieser Socke herumlaufen, um die verletzte Kralle zu schützen, damit keine Entzündung entsteht. Selbstverständlich kontrollieren Sie den Zustand der Pfote mehrmals täglich. Wenn Sie unsicher sind, suchen Sie bitte mit Ihrem Hund einen Tierarzt auf. Sicher ist das Krallenschneiden für Laien nicht ganz einfach. Hierzu bedarf es Übung und Feingefühl. Sollten Sie sich nicht sicher sein, ob Sie das alleine hinbekommen, so holen Sie sich Hilfe bei Ihrem Tierarzt. Während der routinemäßigen Untersuchungen kann dieser auch das Schneiden der Krallen übernehmen. Vielleicht können Sie es sich auch von ihm zeigen und beibringen lassen, so dass Sie für das nächste Mal gewappnet sind.

9. Baden nur selten

Wie stehen Sie zum Baden des Hundes? Hier gibt es ganz unterschiedliche Meinungen. Es gibt Hundebesitzer, die großen Wert auf das Bad des Tieres legen. So verschwinden unangenehme Gerüche und dem Tier geht es besser.

Ganz so ist es leider nicht. Ein Hund ist nun einmal ein Hund und er hat einen Geruch, wie es üblich ist. Das heißt: Ihn zu baden, damit er später besser riecht, hat keinen Sinn. Ganz abgesehen davon wird es nicht lange dauern und er riecht wieder nach Hund. Das ist ganz normal.

Bei Vierbeinern mit längerem Fell kann es Sinn machen, ihn einmal im Jahr zu baden. Möchten Sie das öfter tun, bitte nur mit klarem Wasser. Das macht ihm sicherlich mehr Spaß, wie immer wieder mit Shampoo eingeseift zu werden.

Hier sollten Sie besonders aufpassen. Bitte kein gewöhnliches Shampoo verwenden. Es gibt heute eine große Auswahl an Hundeshampoo, welches wirklich auf die tierischen Bedürfnisse abgestimmt ist. Hierzu finden Sie sicherlich schon in der Tierhandlung eine Antwort. Sollte Ihr Vierbeiner Hautprobleme haben, fragen Sie lieber beim Tierarzt nach, ob es überhaupt Sinn macht und wenn ja, mit welchem Mittel.

Für Sie als Hundehalter gilt somit: Baden Sie Ihren Hund nur, wenn es sein muss, und reden Sie bei Problemen immer mit einem Fachmann. Ein Schaumbad zur Geruchsbekämpfung macht keinen Sinn und sollte gut überlegt sein. Die Pflege eines Hundes scheint ganz schön zeitaufwendig zu sein. Das ist aber nicht der Fall. Mit ein wenig Übung geht es Ihnen leicht von der Hand und es braucht nur noch ein paar Minuten, bis alles erledigt ist. Gewisse Dinge sind auch nicht jeden Tag zu erledigen, wie z. B. das Baden. Auch bei der Krallenkontrolle werden Sie mit der Zeit eine Routine entwickeln, die Ihnen aufzeigen kann, dass Sie nicht täglich nachschauen müssen.

Wichtig ist an dieser Stelle, dass Sie die Pflege Ihres Vierbeiners gewissenhaft durchführen, es aber auch nicht übertreiben. Es reicht, wenn Sie sich ein paar Minuten am Tag Zeit nehmen. Zu viel wird auch Ihrem Hund nicht gefallen, denn schließlich ist er ein Hund und legt sicherlich nicht so großen Wert auf gutes Aussehen, wie wir es manchmal gerne möchten. Es ist ein gutes Zusammenspiel auf beiden Seiten erforderlich und das ist sicherlich kein Problem: für Sie und Ihren Hund!

10. Krankenversicherung

Natürlich wollen Versicherungsgesellschaften einen Gewinn machen. Daher zahlen Sie in der Regel, über das Leben des Hundes verteilt, mehr Versicherungsbeiträge als Sie der Tierarzt kosten würde. Aber so leicht sollten Sie sich die Entscheidung nicht machen.

Sofern Sie nicht über ein Guthaben verfügen, das Ihnen erlaubt, jederzeit auch eine sehr hohe Tierarztrechnung zu übernehmen, spielt der Zeitfaktor eine Rolle. Eine Tierkrankenversicherung übernimmt bereits nach wenigen Monaten alle Kosten. Der Rat lieber jeden Monat einen dem Beitrag entsprechenden Betrag anzusparen, nützt Ihnen nichts, wenn Ihr Hund in jungen Jahren einen schweren Unfall erleidet. Keine Tierklinik lässt sich darauf ein, dass Sie die Behandlung in kleinen Raten über 10 Jahre bezahlen.

Außerdem können Sie das Pech habe, dass Ihr Hund kränkelt und viele teure Behandlungen anfallen. In diesen Fällen ist die Versicherung um ein Vielfaches billiger. Schauen Sie sich die Tarife aber genau an.

Zunächst gibt es die Unterscheidung zwischen einer Krankenvoll-, Operationskosten- und Unfallversicherung.

Die **Krankenvollversicherung** übernimmt alle erforderlichen Tierarzt-kosten, aber meist nur einen Anteil an den Kosten von Impfungen.

Reine Untersuchungen beispielsweise für ein Gesundheitszeugnis übernehmen einige Gesellschaften nicht.

Die Tarife sind relativ teuer. Meist gibt es eine Altersbegrenzung beim Abschluss. Teilweise gelten Leistungsobergrenzen beziehungsweise wird ein Selbstbehalt pro Jahr oder pro Diagnose vereinbart. In der Regel ist der Versicherungsschutz davon abhängig, dass ihr Hund bestimmte Impfungen bekommt. Außerdem tritt die volle Leistungspflicht in der Regel erst nach einer Wartezeit ein. Behandlungen, die durch einen Unfall, der nach Vertragsabschluss stattfand, erforderlich werden, übernehmen die Gesellschaft meist sofort nach.

Eine **Operationskostenversicherung** ist deutlich billiger, aber oft werden nur die reinen Operationskosten übernommen. Manche Tarife beinhalten auch die Kostenübernahme von Vor- und Nachuntersuchungen sowie für Medikamente. Wartezeiten und Leistungsobergrenzen sind ebenfalls möglich. Allerdings ist ein Abschluss oft auch für ältere Tiere möglich.

Bei der **Unfallversicherung** übernehmen die Versicherungen ausschließlich Behandlungskosten, die durch einen Unfall erforderlich werden. Die Tarife sind sehr günstig, es gibt keine Wartezeit und keine Altersbegrenzung.

Achtung: Die Gebührenordnung für Tierärzte (GOT) erlaubt, dass der Arzt bis zum Dreifachen des Grundwertes einer Leistung abgerechnet. Oft übernehmen die Gesellschaften lediglich den einfachen Satz. Daher kann es vorkommen, dass Ihnen auch bei einer Vollversicherung nur ein Teil der Arztrechnung erstattet wird.

Was	**Kosten / Jahr**
Hundesteuer	100 – 150 Euro
Hundehalterhaftpflichtversicherung	50 – 100 Euro

Tierkrankenversicherung	120 - 300 Euro
Beitrag Hundeverein	50 - 100 Euro
Futter	1.200 - 2.000 Euro
Summe	**1.520 - 2.650 Euro**

11. Tipps zur Anschaffung

- ✓ Nehmen Sie Kontakt mit dem passenden Hundeverein auf. Diese Vereine nennen Ihnen seriöse Züchter und vermitteln manchmal auch erwachsene Tiere.
- ✓ Schauen Sie sich die Homepage der Züchter an. Diese beschreiben in der Regel auch ihre Zuchtziele. Nehmen Sie nur Kontakt mit Züchtern in Ihrer Nähe auf, deren Einstellung zur Rasse zu Ihren Vorstellungen passt.
- ✓ Denken Sie daran, dass die Nachfrage nach Welpen das Angebot übersteigt. Sie bewerben sich um eines der Tiere des Züchters. Er gibt es nur her, wenn er Ihnen vertraut.
- ✓ Werden Sie misstrauisch, wenn der Züchter die Hunde „wie ein Stück Butter" verkauft. Er sollte Interesse daran haben zu erfahren, wie der Hund bei Ihnen leben wird.
- ✓ Gute Züchter erlauben Ihnen, die Welpen zu besuchen und bieten Ihnen auch die Möglichkeit, das Muttertier zu sehen. Die Hundefamilie sollte in die Familie des Züchters integriert sein.
- ✓ Besuchen Sie niemals mehrere Züchter an einem Tag, denn so könnten Sie Krankheiten von einem Zwinger auf den nächsten übertragen.

- ✓ Fallen Sie nicht mit der ganzen Familie beim Züchter ein oder bringen gar Haustiere mit. Das verursacht Stress, der Hündin und Welpen schadet.
- ✓ Bestehen Sie auf Papieren, die ein Gütesiegel des VDHs (Internationaler Dachverband) oder des SV e.V. tragen. Diese bekommen nur Hunde von Züchtern, die sich strikt an die Regeln halten, welche zum Wohl der Tiere aufgestellt wurden.
- ✓ Erkundigen Sie sich, wenn Sie einen ausgewachsenen Hund kaufen bei den Nachbarn des Verkäufers. Ein schlechtes Zeichen ist, wenn die Nachbarschaft froh ist, wenn der Hund verschwindet. Sehen Sie vom Kauf ab, wenn Sie erfahren, dass der Hund vermutlich zugebissen hat.
- ✓ Bestehen Sie grundsätzlich auch beim Kauf eines ausgewachsenen Tieres auf Papieren. Prüfen Sie, ob der Chip des Hundes die gleiche Nummer trägt, die in den Papieren vermerkt ist. Wer legal einen Hund besitzt, hat zumindest ein Impfbuch.

Jetzt folgen noch weitere Pflegetipps für den Hovawart:

Die Züchtung als Gebrauchshund hat bewirkt, dass sich die Pflege eines Hovawarts als sehr leicht erweist. Meist sind nur selten menschliche Eingriffe notwendig. Dennoch sollten Sie Ihren Hund hin und wieder nach Verunreinigungen und Parasiten absuchen. Er wird sich schnell daran gewöhnen, dass Sie ihm regelmäßig das Fell ausbürsten, seine Zähne anschauen sowie die Augen, Ohren und Pfoten kontrollieren. Er wird es Ihnen mit einer guten Gesundheit danken.

PFLEGEROUTINEN ENTWICKELN

Damit sich Ihr Liebling schnell an die allgemeine Pflege gewöhnt, sollten Sie schon im Welpenalter damit beginnen. Sinnvoll ist es, eine Routine einzuführen, indem Sie zum Beispiel nach jedem Spaziergang die genannten Pflegemaßnahmen durchführen. So haben Sie immer eine gute Kontrolle darüber, ob mit den Sinnesorganen und dem Fell Ihres Hundes alles in Ordnung ist.

HAUT- UND FELLPFLEGE

Trotz des längeren Felles erweist sich der Hovawart als recht pflegeleicht. Es genügt ein regelmäßiges Kämmen oder Bürsten der Haarpracht. Befindet sich der Vierbeiner im Fellwechsel, darf die Bürste öfter eingesetzt werden. Aufgrund der Fellbeschaffenheit kann es zu Verfilzungen oder Verklebungen kommen. Diese Teile schneiden Sie vorsichtig aus dem Fell heraus.

AUGENPFLEGE

Damit Ihr Hovawart immer einen klaren Blick behält, sollten Sie seine Augen tagtäglich kontrollieren. Schnell hat sich hier Schmutz angesammelt, der eine störende Beeinträchtigung darstellen kann.

Achten Sie darauf, ob sich Fremdkörper im Auge befinden. Dies können Sie durch ein häufiges Blinzeln des Hundes gut erkennen. Die Augen sollten ansonsten klar und glänzend erscheinen. Verkrustungen oder Schleim deuten auf eine Erkrankung hin und sollten bei länger anhaltendem Zustand vom Tierarzt untersucht werden.

Wenn Sie zum Beispiel morgens etwas angetrocknete Tränenflüssigkeit in den Augen Ihres Vierbeiners bemerken, so ist dies nicht schlimm. Wischen Sie die Verkrustungen mit einem feuchten weichen Tuch ab.

Vorzugsweise verwenden Sie jeweils ein eigenes Tuch für jedes Auge, damit eventuell vorhandene Verunreinigungen oder Erreger nicht in das andere Auge gelangen.

Leidet Ihr Hovawart häufiger unter Problemen mit den Augen, können Sie sie mit lauwarmem Kamillentee auswischen. Diesen lassen Sie aber vorher durch ein feines Sieb laufen, damit keine Rückstände mehr enthalten sind, die ins Auge gelangen könnten.

Möglicherweise wird das Fell um die Augen herum zu lang, was Ihren Vierbeiner stören könnte. Dann schneiden Sie das überschüssige Haar vorsichtig ab. So wird verhindert, dass einzelne Haare die Augen reizen oder Schmutz hineinbefördern.

OHRENPFLEGE

Die Ohren sind für Ihren Hovawart sehr wichtig, dienen Sie doch einerseits dem Gehör und andererseits dem Gleichgewichtssinn. Deshalb sollten Sie auch die Lauscher nicht vernachlässigen und einen täglichen Blick hineinwerfen. Die Schlappohren eines Hovawarts sind anfällig für Erkrankungen, weil hier ein feuchtwarmes Klima herrscht.

Sie sollten dann im Idealfall nichts Außergewöhnliches feststellen. Bemerken Sie allerdings einen unangenehmen Geruch oder es läuft sogar ein undefinierbares Sekret heraus, finden Sie sich mit Ihrem Vierbeiner beim Tierarzt ein. Andere Probleme könnten vorliegen, wenn sich Ihr Hund häufig an den Ohren kratzt und den Kopf schüttelt. Auch in diesem Fall besuchen Sie Ihren Veterinär, um die Ursache herauszufinden. Es wäre ein Befall mit Milben nicht auszuschließen.

Bei geringem Schmutz in den Ohren greifen Sie zu einem weichen und feuchten Tuch und entfernen diesen vorsichtig. Danach wischen Sie die Ohren wieder trocken, damit sich nicht durch die entstandene Feuchtigkeit Bakterien oder Keime bilden können.

Benutzen Sie zur Reinigung der empfindlichen Hundeohren niemals sogenannte Wattestäbchen. Damit schieben Sie den Schmutz in der Regel nur weiter ins Ohr hinein, anstatt ihn herauszuholen. Zudem besteht eine große Verletzungsgefahr des Trommelfelles, falls Ihr Vierbeiner bei dieser Prozedur nicht stillhält.

ZAHNPFLEGE

Das Gebiss eines Hundes wird leider allzu oft vernachlässigt. Jedoch sind die Zähne ein wichtiges Werkzeug für den Vierbeiner. Er braucht sie, um sich mit Artgenossen zu verständigen und natürlich auch zum Fressen. Deshalb sollten Sie auch immer einen kontrollierenden Blick in das Maul Ihres Hovawarts werfen, um Probleme sofort zu erkennen. Diese Maßnahme üben Sie am besten auch schon im Welpenalter, damit Sie nicht Gefahr laufen, von Ihrem Hund gebissen zu werden, weil es ihm nicht gefällt, wenn Sie die Zähne und das Zahnfleisch begutachten.

Bemerken Sie nun bei Ihrer Kontrolle dunkle Ränder am Zahnfleisch oder verfärbte Zähne, könnte es sich dabei um Bakterien oder einen Zahnbelag/Zahnstein handeln. Leidet Ihr Hund zusätzlich unter Mundgeruch, wäre dies ein weiteres Indiz für Zahn- oder Zahnfleischerkrankungen.

Eine gute Zahnpflege fängt bei der Ernährung an. Bekommt Ihr Vierbeiner ausschließlich weiches Futter in den Napf, so sind Zahnerkrankungen vorprogrammiert. Deshalb sollten Sie ihm immer entweder einen frischen Rinderknochen oder entsprechende Kauartikel anbieten, damit ein natürlicher Abrieb der Zähne stattfinden kann. Weiterhin haben Sie die Möglichkeit, die Zähne Ihres Hovawarts mit einer geeigneten Hundezahnpasta zu putzen und zu pflegen.

PFOTENPFLEGE

In der Regel genügt ein regelmäßiges Reinigen der Pfoten und Zehen nach dem Spaziergang. Sollten sich Fremdkörper festgesetzt haben, entfernen Sie diese selbstverständlich.

Vor allem im Winter wird ein feuchtes Tuch wichtig, damit Sie das Streusalz von den Pfoten wischen können. Zudem sollten Sie darauf achten, dass sich keine langen Haare zwischen den Ballen befinden. Sie fördern das Festsetzen von Fremdkörpern und können außerdem verfilzen, was wiederum Probleme beim Laufen verursacht.

DAS KRALLENSCHNEIDEN

Ein besonderes Augenmerk haben Sie auf die Krallen Ihres Hundes. Nehmen Sie seine Schritte hörbar wahr, wenn er über den Parkettfußboden läuft, sollten Sie die Krallen kürzen. Sonst bekommt Ihr Liebling schnell Probleme beim Laufen, weil die Krallen ins Krallenbett drücken und Schmerzen verursachen. Weiterhin schützen Sie mit dieser Maßnahme auch Ihren Fußboden vor unerwünschten Kratzern.

Oftmals nutzen sich die Krallen nicht auf natürliche Weise ab, weil sich der Hund überwiegend auf einem weichen Untergrund bewegt. Dann müssen Sie zur Krallenschere greifen oder die Krallen von Ihrem Tierarzt kürzen lassen.

Der gesunde Hund

Der Hund kann noch so gesund erscheinen und doch leidet er plötzlich unter den verschiedensten Wehwehchen. Dies kann manchmal ganz harmlos sein, wenn er sich vielleicht nur einmal kurz erbricht oder einen Tag lang Durchfall hat. Möglich wäre aber auch eine schwerwiegende Erkrankung, die es gilt, zu erkennen, um somit rechtzeitig einen Tierarzt aufsuchen zu können. Informieren Sie sich in diesem Kapitel darüber, worauf Sie achten müssen und wann es Zeit für den Besuch in der Praxis ist.

BEFALL MIT PARASITEN

Es kann immer und überall passieren. Irgendwelche Schmarotzer haben sich auf oder in Ihrem Hund breitgemacht und verursachen nun gesundheitliche Probleme. Wie Sie erkennen, ob Ihr Hovawart ungebetene Gäste beherbergt, und wie Sie sie wieder loswerden, erfahren Sie jetzt.

Würmer

Ein Befall mit Würmern kann über einen längeren Zeitraum unerkannt bleiben. Spätestens, wenn Sie reiskornähnliche Zusätze in den Hinterlassenschaften Ihres Hundes sehen, sollten Sie reagieren.

Würmer übertragen sich schnell durch den Kot infizierter Lebewesen. Leider haben Hunde die Angewohnheit, daran herumzuschnüffeln oder ihn sogar zu fressen. Als erste Prävention achten Sie deshalb darauf, dass Ihr Hovawart möglichst keinen Kontakt mit fremden Ausscheidungen bekommt. Eine Infektion mit Würmern kann aber auch durch das Fressen von Aas geschehen. Auch eine solche Angewohnheit sollten Sie nicht dulden.

Ist es dennoch geschehen und Ihr Vierbeiner leidet unter dem Befall von Würmern, muss schnell festgestellt werden, um welche Art es sich handelt. Es gibt unterschiedliche Wurmkuren, die zum Einsatz kommen.

Möglich wären Spulwürmer, Bandwürmer, Hakenwürmer, Peitschenwürmer und Lungenwürmer. Liegt nur ein leichter Befall vor, bemerken Sie ihn vielleicht gar nicht. Nur wenn die Besiedlung mit diesen Parasiten überhandnimmt, werden Sie verschiedene Symptome erkennen können.

Diese äußern sich in möglichen Mangelerscheinungen, weil die Würmer dem Hund die Nährstoffe entziehen. Es kann zu Durchfall kommen, der durchaus auch mit Blut und/oder Schleim durchsetzt sein kann. Weiterhin kann das Fell struppig werden oder es kann eine Anämie auftreten. Liegt ein äußerst schwerer Befall vor, kann es aufgrund der hohen Menge an Würmern zu einer Verstopfung kommen.

Das meistgesehene Anzeichen eines Befalles mit Würmern ist das sogenannte „Schlittenfahren“. Der betroffene Hund scheuert sich seinen After, indem er mit dem Hintern auf dem Boden herumrutscht.

Bei Welpen kann ein Wurmbefall tödlich enden, deshalb sollten Sie bei einem Verdacht vorsichtshalber zum Tierarzt gehen.

Bei einem Befall mit Lungenwürmern können die Symptome einer Atemwegserkrankung auftreten, da die Würmer vom Darm in die Lunge und das Herz wandern. Zusätzlich können Probleme mit dem Kreislauf und dem Herzen auftreten.

Einige Wurmarten können auch den Menschen befallen, deshalb ist eine schnelle Behandlung des betroffenen Hundes sehr wichtig. Besonders dann, wenn ein sehr enger körperlicher Kontakt mit dem Vierbeiner besteht, ist die Gefahr einer Ansteckung groß. Zudem sollten Sie Ihre Wohnung und alle Gegenstände, mit denen Ihr Hovawart in Berührung gekommen ist, gründlich reinigen. Hier verbergen sich die Eier des Wurmes und können somit einen anderen Organismus ausfindig machen und diesen befallen.

Ihr Tierarzt wird schnell feststellen können, um welche Art von Würmern es sich handelt, und dementsprechend eine Wurmkur verabreichen. Die Wirkung setzt sofort ein und die Parasiten sterben innerhalb eines Tages ab.

Eine solche Entwurmung kann allerdings nicht vorbeugend eingesetzt werden, denn es werden nur die Würmer bekämpft, die sich zum Zeitpunkt der Medikamentengabe im Körper des Hundes befinden. Der enthaltene Wirkstoff wird innerhalb der kommenden drei Tage abgebaut und danach kann eine erneute Ansteckung erfolgen.

Tierärzte raten in der Regel dazu, den Vierbeiner alle drei Monate mit einer Wurmkur zu versorgen. Mit dieser Regelmäßigkeit bleibt ein unerkannter Befall mit Würmern ohne gesundheitliche Folgen.

Flöhe

Sollte Ihr Vierbeiner einmal Flöhe mit nach Hause bringen, so ist dies sehr unangenehm ... nicht nur für Ihren Hund, sondern auch für Sie. Es bedeutet sehr viel Mühe und Arbeit, um diese Plagegeister wieder loszuwerden.

Eine Flohdame kann an einem Tag bis zu 50 Eier legen, die Ihr Hovawart fleißig in der Wohnung verteilt. Sind diese nach einigen Tagen geschlüpft, suchen sie sich sogleich einen Wirt, um Nahrung zu bekommen. Im Ernstfall könnten die Floheier aber auch etwa ein halbes Jahr überdauern.

Die bevorzugten Wirte eines Flohs sind Tiere, jedoch scheuen sie sich nicht, den Menschen zu befallen, um an dessen Blut zu gelangen. Der Stich sieht anfangs wie ein Mückenstich aus, da ein Floh aber mehrmals zubeißt, sind auch mehrere Einstichstellen nebeneinander erkennbar.

Sie fragen sich sicher, woher Ihr Hund die Flöhe hat. Möglich wäre die Übertragung von einem Artgenossen, aber auch auf einer Wiese können diese Plagegeister lauern und auf einen potenziellen Wirt warten.

Haben sie Ihren Vierbeiner als zukünftige Wohnung auserkoren, lassen die ersten Symptome nicht lange auf sich warten.

Das erste Anzeichen ist meist ein häufiges Kratzen und Beknabbern der Haut, denn es entwickelt sich ein starker Juckreiz. Weiterhin könnte Ihr Hund sehr unruhig und nervös wirken. Die Haut entzündet sich und wahrscheinlich leidet er unter einem stärkeren Haarausfall. Möglich ist auch die Entwicklung kleiner Pusteln im Bereich des Bauches.

Sind nur wenige Flöhe im Fell Ihres Hundes, so werden Sie sie wahrscheinlich nicht sofort erkennen, erst recht nicht bei einem so dunklen und langen Haarkleid, wie es der Hovawart trägt. Organisieren Sie sich deshalb einen Flohkamm. Wenn Sie damit durch das Fell Ihres Vierbeiners fahren und ihn dann mit einem Taschentuch säubern, werden Sie kleine schwarze Krümel entdecken. Befeuchten Sie das Taschentuch und zerreiben Sie die Krümel. Färben sie sich nun rötlich-braun, handelt es sich um Flohkot und Sie können ganz sicher von einem Befall ausgehen.

Um einer Ausbreitung der Flöhe entgegenzuwirken, müssen Sie nun schnell handeln. Bewährt haben sich verschiedene Arten von sogenannten Spot-On's. Diese werden in den Nacken des betroffenen Tieres geträufelt und sorgen dafür, dass die Flöhe absterben. Weiterhin könnte ein Flohshampoo helfen und zur Vorsorge legen Sie Ihrem Vierbeiner ein Flohhalsband an. Zu guter Letzt gibt es noch unterschiedliche Flohsprays, mit denen Sie Ihren Hund einsprühen können.

Nun müssen Sie sich aber noch um Ihre Wohnung kümmern, denn sonst wird Ihr Hovawart gleich wieder von Flöhen geplagt sein. Saugen Sie mehrmals täglich gründlich alles ab und wenden Sie auch hier ein sogenanntes Umgebungsspray an, damit alle Entwicklungsstadien der Parasiten abgetötet werden. Textilien waschen Sie bei mindestens 60 °C in der Waschmaschine. Sollte dies nicht möglich sein, frieren Sie die Sachen über zwei Wochen im Tiefkühler ein.

Zecken

Zecken sind ebenso unangenehme Mitbewohner Ihres Hundes, die zudem noch gefährliche Krankheiten übertragen können. Auch Sie selbst sind nicht davor geschützt und können sich schnell eine Zecke einfangen. Deshalb sollten Sie nach längeren Spaziergängen das Fell Ihres Hundes nach diesen Parasiten absuchen, denn sonstige vorbeugende Maßnahmen gibt es leider nicht. Eine Zecke ist, solange sie sich nicht mit dem Blut ihres Wirtes vollgesogen hat, recht klein und sehr schlecht zu erkennen.

Zecken warten gerne auf langen Grashalmen oder niedrigen Zweigen auf ihren Wirt. Sie wittern diesen schon aus einiger Entfernung und lassen sich dann einfach fallen. Nun durchstreifen sie ihr neues Revier und suchen sich eine geeignete Stelle zum Zustechen aus. Meist sind es der Kopf, die Ohren, der Bauch und der Bereich in den Lenden, denn hier ist die Haut besonders dünn.

Sticht die Zecke nun zu, um an die Lymphflüssigkeit und das Blut zu gelangen, sondert sie ein Sekret mit verschiedenen Wirkstoffen ab. Dies betäubt die Einstichstelle, so dass die Zecke erst einmal unerkannt bleibt. Mit diesem Sekret können aber auch Krankheitserreger in den Wirt gelangen, die die Zecke bei einem vorherigen Wirt aufgenommen hat. Es dauert etwa drei Stunden, bis diese in den Körper des Hundes eindringen und er somit infiziert wird. Deshalb ist es sehr wichtig, eine entdeckte Zecke so schnell wie möglich zu entfernen.

In Deutschland können vor allem drei Arten der Zecken dem Hund gefährlich werden. Da wäre zunächst die braune Hundezecke. Sie kann eine Ehrlichiose, eine Anaplasmose und eine Babesiose verursachen. Ursprünglich stammt sie aus Südeuropa, sie hat sich aber mittlerweile auch in Deutschland aufgrund des Klimawandels angesiedelt.

Des Weiteren gibt es den gemeinen Holzbock. Er kann eine Borreliose, eine Frühsommer-Meningoenzephalitis (FSME) und die Anaplasmose übertragen. Diese Zecke ist die am häufigsten in Deutschland vorkommende Zeckenart.

Und daneben gibt es noch die Auwaldzecke. Sie ist überwiegend für eine Babesiose verantwortlich, die, wenn sie nicht erkannt und behandelt wird, zum Tod des Hundes führt.

Wenn Sie nun also Zecken an Ihrem Vierbeiner gefunden haben, so entfernen Sie sie schnellstmöglich, damit keine Krankheiten übertragen werden. Mit einer Zeckenzange oder einer Pinzette ist das ganz einfach. Sie greifen den Parasiten zwischen dem Kopf und der Haut des Hundes und ziehen sie heraus.

Weitere Informationen zu den übertragbaren Krankheiten von Zecken erhalten Sie im Kapitel „Impfungen“.

Milben

Die meisten Milben verursachen das eine oder andere Problemchen bei Ihrem Hund. Nur eine Art von Milben lebt in Symbiose auf dem Vierbeiner, wenn sie nicht in zu großer Population auftritt. Dabei handelt es sich um die Haarbalgmilbe. Wenn allerdings das Immunsystem Ihres Vierbeiners nicht einwandfrei arbeitet, kann sich diese Milbe zu sehr vermehren und die Haarbälge, in denen sie lebt, zerstören.

Ansonsten wird Ihrem Liebling die Grabmilbe, die Grasmilbe oder die Ohrmilbe gefährlich. Diese Arten brauchen entweder Blut, Zellsaft, Lymphflüssigkeit oder Hautschuppen als Nahrung.

Der Befall mit Milben zeigt sich in der Regel durch einen starken Juckreiz. Weiterhin können sich Krusten auf der Haut bilden, vorzugsweise an der Schnauze, den Ohren und am Bauch.

Zeigt sich in den Ohren Ihres Vierbeiners ein Sekret, welches an Kaffeesatz erinnert, sind hier Ohrmilben eingezogen. Ein Juckreiz entsteht, der Ihren Hund dazu bringt, häufig den Kopf zu schütteln und sich an den Ohren zu kratzen.

Grasmilben dagegen siedeln sich gerne an bodennahen Körperstellen an. Sie erkennen diese meist als rötliche Punkte auf den Pfoten. Der sehr starke Juckreiz tritt etwa einen Tag nach dem Biss dieser

Milbe auf. Ihr Vierbeiner wird sich häufig kratzen und die betroffenen Stellen anknabbern. Dadurch können wiederum Bakterien durch die Wunden eindringen und weitere Probleme, wie Entzündungen, verursachen.

Ihr Tierarzt wird durch das Abschaben der betroffenen Hautbereiche schnell einen Befall mit Milben feststellen. Weiterhin kann er die Art der Milbe bestimmen und dementsprechend die Behandlung einleiten. Ihr Vierbeiner wird ein Medikament bekommen, welches die Milben bekämpft, und weiterhin meist eine Arznei gegen den Juckreiz und schon entstandene Entzündungen der Haut.

MAGEN- UND DARMERKRANKUNGEN

Bei Erkrankungen des Magen-Darm-Traktes treten in erster Linie Durchfall und Erbrechen auf. Jedoch sind diese ersten Anzeichen auch Symptome vieler weiterer Krankheiten. Deshalb ist es wichtig, dass Sie einen Tierarzt aufsuchen, sollte sich ein Erbrechen oder der Durchfall über mehr als drei Tage hinziehen. Die Ursache sollte dann schnell festgestellt werden, damit Ihrem Vierbeiner geholfen werden kann.

Durchfall

Wenn Ihr Hund einmal einen zu dünnen Stuhlgang hat, ist dies nicht ganz so tragisch, solange es nicht mehrere Tage anhält. Dann droht eine Dehydrierung des Hundes, weil ihm wichtige Nährstoffe und Feuchtigkeit entzogen werden. In einem solchen Fall suchen Sie natürlich Ihren Veterinär auf, um der Ursache auf den Grund zu gehen.

Doch wann sind die Hinterlassenschaften Ihres Vierbeiners als Durchfall zu definieren? Immer dann, wenn die Konturen des Hundehäufchens verschwimmen und nicht mehr beieinanderbleiben. Oft hat Ihr Liebling aber auch Begleiterscheinungen, wie Bauchschmerzen,

Müdigkeit, Fieber und trockene sowie blasse Schleimhäute. Vielleicht finden Sie auch Blut oder Schleim im Kot Ihres Hundes. Dies wäre dann ein Grund, sofort zum Tierarzt zu gehen.

Wenn Sie das Gefühl haben, Ihrem Vierbeiner geht es schlecht und es ist etwas nicht in Ordnung, lassen Sie ihn selbstverständlich untersuchen. Lieber einmal zu viel als einmal zu wenig zum Tierarzt gehen.

Ansonsten bewahren Sie vorerst Ruhe und resümieren die letzten Tage Ihres Hundes. Was hat er zu sich genommen? Kann er vielleicht unter Stress gelitten haben? Mit welchen fremden Lebewesen hatte er Kontakt? Vielleicht wird hier schon die Ursache zu klären sein.

Seien Sie beruhigt, denn in den meisten Fällen ist der Grund für den Durchfall recht harmlos und das Problemchen verschwindet so schnell, wie es gekommen ist. Dennoch beobachten Sie Ihren Vierbeiner in den nächsten Tagen genau, denn die Problematik kann auch ins Gegenteil umschweifen.

Während Ihr Hund unter dem Durchfall leidet, sorgen Sie für eine ausreichende Flüssigkeitsaufnahme. Zudem sollten Sie jetzt keine Leckerlis geben, so gerne Sie es auch möchten, um Ihren Hund zu verwöhnen. Besser ist es sogar, dass er über 24 Stunden gar kein Futter zu sich nimmt, damit sich der angegriffene Magen-Darm-Trakt beruhigen kann. Diese Maßnahme ist allerdings nur bei einem ansonsten gesunden Hund ratsam. Ist Ihr Tier schon älter oder es handelt sich um einen Welpen oder Ihr Hund ist in irgendeiner Weise anderweitig gesundheitlich eingeschränkt, suchen Sie Ihren Tierarzt auf.

Danach geben Sie Ihrem lädierten Vierbeiner entweder eine Schonkost oder kleine Portionen seines bisherigen Futters zu fressen, damit er wieder zu Kräften kommt. Die nächsten Tage sollten Sie ihm viel Ruhe gönnen, gehen Sie mit ihm nur kurz zum Gassigehen nach draußen.

Diese Ratschläge ersetzen nicht den Besuch beim Tierarzt. Suchen Sie diesen auf, wenn Sie sich unsicher sind. Nur hier kann Ihrem Hund wirklich geholfen werden.

Erbrechen

Meist ist das einmalige Erbrechen Ihres Vierbeiners harmlos. Dennoch sollten Sie ihn in der nächsten Zeit etwas unter Beobachtung haben. Wenn er sich mehrmals erbricht und dieser Zustand mehrere Tage anhält, suchen Sie selbstverständlich Ihren Tierarzt auf. Im Ernstfall kann es sich auch um eine Vergiftung handeln. Denken Sie deshalb darüber nach, ob Ihr Hund etwas für ihn Schädliches zu sich genommen haben könnte. Dann müssen Sie natürlich schnell handeln.

Das Erbrechen gehört, wie der Durchfall auch, zu den häufigsten Begleitsymptomen anderer Krankheiten. Sollten sich also noch weitere Anzeichen bemerkbar machen, ist ein Tierarztbesuch unumgänglich.

Ansonsten heißt es: Erst einmal Ruhe bewahren und beobachten. Überlegen Sie, was Ihr Vierbeiner in den letzten Tagen gefressen hat. Schauen Sie sich auch das Erbrochene einmal genau an. Ist es sehr flüssig und hat Ähnlichkeit mit Wasser, hat Ihr Hovawart vielleicht einfach nur zu schnell getrunken.

Sind noch Futterbrocken im Erbrochenen erhalten, könnte ein zu schnelles Hinunterschlingen seiner Mahlzeit schuld an diesem desolaten Zustand sein. Das ist auch noch kein Grund zur Besorgnis. Vielleicht hat er aber auch unter Stress gelitten oder vor irgendetwas Angst gehabt. Hier sollten Sie die letzten Stunden Revue passieren lassen und die Ursache ausfindig machen.

Im Ernstfall könnte aber eine ernst zu nehmende Krankheit hinter der Übelkeit Ihres Hundes stecken. Hier könnten eine Stoffwechselstörung oder verschiedene Erkrankungen der Organe in Frage kommen. Aber auch eine Infektion, sei sie bakterieller oder viraler Art, kann ursächlich sein. Ebenso könnte Ihr Vierbeiner versehentlich einen Fremdkörper verschluckt haben, der nun versucht, wieder ins Freie zu gelangen. Oder bekommt Ihre Fellnase gerade Medikamente, die ein Erbrechen verursachen könnten? Ganz schlimm wäre es, wenn eine Vergiftung vorliegt und sich Ihr Hund deshalb erbricht.

All diese Möglichkeiten müssen Sie in Betracht ziehen, sollte sich der Zustand Ihres Vierbeiners nicht bessern. Um es genau in Erfahrung zu bringen, gehen Sie mit ihm zum Veterinär.

Wenn keine Krankheit hinter dem Erbrechen steckt, geben Sie ihm in den nächsten 12 bis 24 Stunden kein Futter, damit sich der Magen-Darm-Trakt beruhigen kann. Stellen Sie ihm aber immer frisches Wasser zur Verfügung. Anschließend bereiten Sie Ihrem Liebling eine Schonkost zu, die einerseits fettarm, andererseits aber hochverdaulich sein sollte. Eine solche Mahlzeit könnte zum Beispiel aus gekochtem Hühnchen, Reis und Karotten bestehen. Nach wenigen Tagen können Sie dann wieder zum herkömmlichen Futter wechseln, denn die Schonkost enthält kaum Vitamine und Mineralstoffe.

Vergiftung

Leider wird immer wieder über ausgelegte Giftköder berichtet, die dem Hund sehr großen Schaden zufügen können und oft auch zum Tod des Vierbeiners führen. Jedoch sind auch verschiedene Lebensmittel für den besten Freund des Menschen ungenießbar oder sogar giftig. Hier können Sie aber selbst Vorsorge treffen, damit Ihr Liebling sich nicht daran vergreifen kann. Ist der Fall aber doch eingetreten, woran erkennen Sie nun, dass eine Vergiftung vorliegt?

Zuerst sei erwähnt: Sollten Sie auch nur den Verdacht einer Vergiftung hegen, gehen Sie sofort zu Ihrem Tierarzt. Bestätigt sich nämlich Ihre Vermutung, ist ein schnelles Handeln erforderlich, um Ihrem Hund helfen zu können. Wenn möglich, nehmen Sie eine Probe dessen mit, was er gefressen haben könnte. Auch die Ausscheidungen Ihres Vierbeiners können helfen, den Vergiftungsgrund herauszufinden.

Ansonsten achten Sie auf vorliegende Symptome, die auf eine Vergiftung hinweisen könnten. Meist ist der Magen-Darm-Trakt betroffen, so dass es zu Erbrechen und Durchfällen kommt. Ein übermäßiges

Speicheln oder Krämpfe und Störungen im Bewegungsapparat sind weitere Anzeichen einer Vergiftung. Kommt es erst zu Problemen mit dem Kreislauf und der Hund wird sogar bewusstlos, ist der Zustand schon kritisch.

Die Symptome einer Vergiftung können recht unterschiedlich ausfallen und sind abhängig davon, welche Substanz Ihr Hund zu sich genommen hat. Es besteht auch die Möglichkeit, dass sich die Veränderungen erst nach Stunden oder sogar Tagen bemerkbar machen.

Ist nun die Gefahr einer Vergiftung gegeben, rufen Sie Ihren Tierarzt an und begeben Sie sich auf dem schnellsten Wege dorthin. Schildern Sie Ihr Problem vorab, damit sich die Praxis auf Ihren Fall vorbereiten kann. Sollten Sie Kohletabletten vorrätig haben, können Sie diese Ihrem Hund nach Vorschrift verabreichen. So verzögern Sie zumindest die Aufnahme des Giftes in den Kreislauf.

Auf gar keinen Fall bringen Sie Ihren Vierbeiner selbst zum Erbrechen. Die Folgeschäden könnten fatal sein. Dies überlassen Sie bitte Ihrem Tierarzt, er kann es besser einschätzen, ob ein Erbrechen sinnvoll ist oder nicht. Im Falle einer Vergiftung statten Sie Ihren Hund nicht mit einem Maulkorb aus, denn dieser könnte das Ablaufen von Erbrochenem behindern und somit würde ein Erstickungstod drohen.

Bei allen Handlungen bewahren Sie bitte selbst die Ruhe. Ihre Nervosität überträgt sich auf den Hund und er fühlt sich dann unsicher und hat Angst. Zudem müssen Sie besonnen bleiben, wenn Sie mit dem Auto auf dem Weg zum Tierarzt sind, damit nicht auch noch ein Unfall geschieht.

TYPISCHE KRANKHEITEN EINES HOVAWARTS

An sich ist der Hovawart ein sehr gesunder Hund. Ein erhöhtes Risiko für bestimmte Krankheiten besteht aber dennoch. Diese wären eine **Hüftgelenksdysplasie** (HD), eine **Hypothyreose** (Schilddrüsenunterfunktion) und die **Lebershunt** (Missbildung der Gefäße in der Leber). Große Hunderassen, wie der Hovawart, können auch von einer **Magendrehung** betroffen sein.

Die am häufigsten vorkommende Erbkrankheit bei Hunden ist die **Hüftgelenksdysplasie**. Leider ist auch der Hovawart nicht davor verschont geblieben. Sind die Elterntiere allerdings gesund und der Gentest auf eine HD ist negativ, dann sollte diese Krankheit nicht auftreten. Dennoch kann trotzdem eine solche Erkrankung eintreten.

Bei einer Hüftgelenksdysplasie handelt es sich um eine vererbte Fehlbildung der Hüfte. Der Oberschenkelkopf und die Hüftgelenkspfanne passen nicht exakt zueinander. Somit sind Probleme im Bewegungsapparat vorprogrammiert. Jedoch treten nicht immer Symptome auf und sind sie vorhanden, können sie sehr unterschiedlich ausfallen.

Meist kommt es zu einer Bewegungsunlust oder Schwierigkeiten beim Aufstehen. Das Gangbild des betroffenen Hundes wirkt steif und schwankend. Es könnte zu einem Nachschleifen der Hinterbeine kommen oder sie kreuzen sich beim Laufen. Der Vierbeiner wird lahm und wirkt instabil. Bei diesen Anzeichen gehen Sie selbstverständlich zum Tierarzt und erläutern das Problem.

Durch eine Röntgenaufnahme der Hüfte werden Sie schnell Klarheit über den Zustand Ihres Hundes bekommen. Sie werden erfahren, ob es sich nur um eine leichte HD handelt oder ob das Krankheitsbild bereits sehr fortgeschritten ist. Hier sei erwähnt, dass eine HD, egal, welchen Grad sie bisher erreicht hat, nicht heilbar ist.

Es stehen allerdings mehrere Möglichkeiten zur Verfügung, um dem erkrankten Hund das Leben leichter zu gestalten. In erster Linie soll das Tier natürlich möglichst ohne Schmerzen sein, in zweiter Linie soll so viel Beweglichkeit wie möglich erhalten bleiben.

Muss nicht unbedingt eine Operation durchgeführt werden, sieht die konservative Behandlung erst einmal vor, dem Hund unnötiges Körpergewicht zu ersparen, damit die Gelenke geschont werden. Das bedeutet, dass Ihr Vierbeiner wahrscheinlich auf Diät gesetzt wird. Anstrengende und belastende Bewegungen sollten in Zukunft unterbleiben. Meist wird ein Physiotherapeut für Hunde zurate gezogen, um entsprechende Behandlungen durchzuführen. Der Tierarzt wird entzündungshemmende und schmerzlindernde Medikamente verschreiben, die Sie Ihrem Vierbeiner verabreichen müssen. Als Begleiterscheinung wird womöglich eine Arthrose eintreten, die natürlich ebenso behandelt werden muss. In der Zukunft sollten Sie regelmäßige Kontrollbesuche bei Ihrem Tierarzt einplanen, damit ein weiteres Fortschreiten der Hüftgelenksdysplasie erkannt und dementsprechend anders behandelt werden kann.

Wird dennoch eine Operation notwendig, so gibt es auch hier verschiedene Möglichkeiten, die abhängig von Art und Schweregrad der HD sind. Meist wird entweder eine dreifache oder eine zweifache Beckenosteotomie durchgeführt. Hierbei werden entweder drei oder zwei Beckenknochen durchtrennt und die Hüftgelenkspfanne wird so in Position gebracht, dass sich der Oberschenkelkopf wieder darin einfügen kann.

Die dritte Möglichkeit wäre der Austausch der Hüfte. Hier wird sowohl der Oberschenkelkopf als auch die Hüftgelenkspfanne durch eine Prothese ersetzt. Im Prinzip ist es das gleiche Verfahren, als wenn eine Person „eine neue Hüfte“ bekommt.

Egal, welche Behandlung zum Einsatz kommt, es sollte so schnell wie möglich geschehen.

Bei einer **Hypothyreose** ist die Schilddrüse des Hundes betroffen und weist eine Unterfunktion auf. Das bedeutet, dass nicht genügend Schilddrüsenhormone ausgeschüttet werden. Leider kommt eine solche Unterfunktion recht häufig bei Hunden vor.

Meist ist eine chronische Entzündung der Schilddrüse vorangegangen. Dabei kommt es zu einer Verkleinerung und infolgedessen zu einer geringeren Ausschüttung der Hormone. Manchmal ist auch ein Jodmangel die Ursache für Probleme mit der Schilddrüse und in seltenen Fällen kann auch ein Tumor vorhanden sein.

Die Anzeichen einer Hypothyreose können unterschiedlich ausfallen. Sie alle haben aber damit zu tun, dass der Stoffwechsel erheblich verlangsamt ist. Daher können auch die Symptome sehr langsam und schleichend auftreten und werden oftmals übersehen.

Überwiegend kommt es zu einem erhöhten Appetit, der eine Gewichtszunahme zur Folge hat. Der betroffene Hund schläft unnatürlich viel und wird träge, wodurch wiederum die Leistung abnimmt. Weiterhin friert der erkrankte Vierbeiner recht schnell und zeigt ein erhöhtes Wärmebedürfnis.

Sehr oft sind auch ein Haarausfall und Entzündungen der Haut und der Ohren zu beobachten. Es können sich Ödeme bilden und eine Verdickung der Haut auftreten. Da meist das Deckhaar ausfällt, entwickelt sich ein sogenanntes „Babyfell".

Weitere Symptome einer Schilddrüsenunterfunktion können Erbrechen, Durchfall und Entzündungen der Bindehaut sein. Es könnte in seltenen Fällen zu epileptischen Anfällen und Lähmungen kommen.

Sollten Sie nun eines oder mehrere dieser Symptome bei Ihrem Vierbeiner feststellen, lassen Sie ihn von Ihrem Tierarzt untersuchen. Um eine sichere Diagnose stellen zu können, bedarf es aber Zeit und Geduld, denn es müssen erst andere Erkrankungen ausgeschlossen werden. Leider treffen die genannten Anzeichen nämlich auch auf viele andere Krankheiten zu.

Bevor eine Behandlung der Schilddrüse stattfinden kann, müssen zuerst die derzeit vorhandenen Krankheiten behandelt werden. Meist kommen dann die normalen Schilddrüsenwerte von allein zurück.

Ist dies nicht der Fall, bekommt der Vierbeiner Medikamente mit den fehlenden Schilddrüsenhormonen verabreicht. Eine Besserung des Zustandes sollte dann nach spätestens zwei Wochen erkennbar sein. Die genannten Probleme lösen sich quasi in Luft auf.

Allerdings sollte dies auch dauerhaft so bleiben, deshalb muss Ihr Hund gut auf das Medikament eingestellt werden. Es kann einige Monate und viele Kontrollbesuche beim Tierarzt in Anspruch nehmen, bis es so weit ist. Das verschriebene Medikament muss dann für den Rest des

Hundelebens eingenommen werden, aber der Erfolg ist als sehr gut einzuschätzen.

Bei der **Lebershunt** handelt es sich um eine Lebergefäßmissbildung. Diese kann schon bei der Geburt des Welpen vorhanden gewesen sein, sie kann aber auch später auftreten. Es ist ein sogenannter Shunt entstanden. Dies ist eine Kurzschlussverbindung von zwei Gefäßen, die normalerweise getrennt voneinander arbeiten. Nun kann die noch nicht von der Leber gereinigte Flüssigkeit in den Blutkreislauf eintreten.

Da die normale Leberfunktion mit dieser Missbildung nicht mehr gegeben ist, kann es zu innerlichen Vergiftungen kommen, die sich in Blut ansammeln. Deshalb ist auch mit neurologischen Symptomen zu rechnen, weil das Gehirn nun mit „toxischem Blut" versorgt wird.

Die ersten Anzeichen können Durchfall, Erbrechen sowie Appetitlosigkeit und infolgedessen ein Gewichtsverlust sein. Meist liegt auch ein erhöhtes Trinkbedürfnis vor, was wiederum zu einem vermehrten Harnabsatz führt.

Die auftretenden neurologischen Symptome können sich in epileptischen Anfällen und Veränderungen im Verhalten des Hundes äußern. Hierbei wird oft das Fressen von irgendwelchen Gegenständen, zielloses Herumlaufen im Kreis oder gar das Pressen des Kopfes gegen eine Wand beobachtet. Ebenso sind Störungen im Gangbild oder in der Koordination möglich. Der betroffene Hund könnte orientierungslos umherlaufen und nicht auf Ihr Wort reagieren.

Die körperlichen und neurologischen Krankheitsbilder könnten getrennt voneinander auftreten, die einen vielleicht mehr, die anderen weniger oder gar nicht.

Leidet Ihr Hund nun plötzlich an epileptischen Anfällen, sollte in erster Linie geklärt werden, ob es sich um einen Lebershunt handelt.

Eine Diagnose kann über die Laborwerte einer blutchemischen Untersuchung gestellt werden. Zusätzlich kommt eine Ultraschalluntersuchung oder ein CT zum Einsatz.

Anfänglich werden dem erkrankten Vierbeiner eine Diät und verschiedene Medikamente verordnet. Damit sollen die Giftstoffe, die sich bereits im Körper befinden, minimiert werden. Mit einer Lactuloselösung wird der pH-Wert im Darm verändert, um die dortigen Giftstoffe am Übertritt in den Blutkreislauf zu hindern. Manchmal ist auch ein Antibiotikum notwendig, um bestimmte Bakterien im Darm zu vernichten.

Diese Maßnahmen allein reichen aber oftmals nicht aus und es muss eine OP durchgeführt werden, um die betroffenen Gefäße zu verschließen. In der Regel sind aber mehrere Operationen notwendig, denn diese Fehlbildung kann nicht auf einmal behoben werden. Die Leber ist meist derart angegriffen, dass sie sich an einen vermehrten Blutfluss erst wieder gewöhnen muss.

Geschieht diese Operation in einem sehr frühzeitigen Stadium dieser Erkrankung, ist die Heilungschance sehr groß. Die Leber wächst wieder nach und kann nach einigen Monaten ihre normale Leistung wieder aufnehmen. Der betroffene Hund wird als gesund eingestuft und kann noch ein langes Hundeleben genießen.

Eine **Magendrehung** bedeutet ein Wettlauf mit der Zeit. Deshalb sollten Sie eine solche erkennen können, um schnell einen Tierarzt aufzusuchen.

Tritt eine Magendrehung ein, so werden wichtige Blutgefäße, der Mageneingang und auch der Magenausgang abgeschnürt. Das bedeutet, dass nichts mehr in den Magen hineingeht, aber auch nichts mehr hinaus. Die im Magen befindlichen Gase können auch nicht mehr entweichen und infolgedessen bläht er sich auf. Das Blut kann im Körper nicht mehr zirkulieren, deshalb droht ein Kreislaufschock. Weitere innere Organe werden in Mitleidenschaft gezogen, weil sie vom sich aufblähenden Magen eingequetscht werden. Mit der Zeit würden sie absterben. Bei einer Magendrehung muss eine sofortige Operation erfolgen, um dem Hund das Leben zu retten.

Der Magen ist nur spärlich im Hundekörper „befestigt“. Er hängt wie ein lockerer Sack zwischen der Speiseröhre und dem Zwölffingerdarm.

Deshalb ist es in bestimmten Situationen schnell passiert, dass er sich um seine eigene Achse dreht und somit alles andere abschnürt.

Warum es zu einem solchen „Zwischenfall“ kommt, ist nicht wirklich geklärt. Vor allem aber sind größere Hunde betroffen. Informationen zur Folge hat der betroffene Vierbeiner meist zu viel gefressen und ist gleich danach einer körperlich anstrengenden Tätigkeit nachgegangen. Deshalb sollten Sie Ihren Vierbeiner nach der Mahlzeit immer eine gewisse Zeit ruhen lassen.

Die anfänglichen Symptome einer Magendrehung können recht unspezifisch ausfallen, denn der Magen dreht sich nicht auf einmal. Eine komplette Drehung erfolgt nach und nach, je nachdem, wie schnell er sich durch die Gase aufbläht.

Eine erste Unruhe sollte Sie aufschrecken lassen. Meist läuft der betroffene Hund haltlos mit einem gekrümmten Rücken hin und her. Der Versuch eines Erbrechens bleibt erfolglos, weil der Mageneingang abgeklemmt ist. Sie werden bemerken, dass der Bauch Ihres Hundes immer runder und härter wird. Die anfängliche Unruhe weicht einer Apathie und der Vierbeiner wird immer schwächer. Im fortgeschrittenen Stadium kann der Hund nicht mehr aufstehen. Er bleibt auf der Seite liegen und wird durch den erlittenen Kreislaufschock sterben.

Bemerken Sie also nach der Mahlzeit Ihres Hundes eine zunehmende Unruhe, übermäßigen Speichelfluss, eine blasse Mundschleimhaut und ein Erbrechen ohne Erfolg, könnte eine Magendrehung vorliegen. Verschwenden Sie keine Zeit, auch dann nicht, wenn Sie nur einen Verdacht hegen und sich nicht sicher sind.

Eine Diagnose ist schnell gestellt. Der Tierarzt wird ein Röntgenbild anfertigen. Auf diesem wird eine Magendrehung gut erkennbar sein. Im ersten Schritt werden nun Infusionen gelegt, um einem Kreislaufschock vorzubeugen. Ist der Bauch schon sehr aufgebläht, wird der Magen mit einer dünnen Nadel punktiert, damit das Gas entweichen kann.

Eine Operation muss aber dennoch erfolgen, denn der Magen muss in seine ursprüngliche Position zurückgebracht werden. Ist dies geschehen, erfolgt eine Spülung des Magens und der Speiseröhre, um Futterreste zu beseitigen. Da in einigen Fällen die Milz durch das Abschnüren der Blutzufuhr abgestorben ist, muss auch diese dann entfernt werden. Damit nun eine Magendrehung nicht erneut auftritt, wird der Magen mit der Bauchwand vernäht und somit fixiert.

Die Heilungschancen haben sich in den letzten Jahren deutlich verbessert. Dennoch kann es nicht ausgeschlossen werden, dass der betroffene Hund während oder nach der OP verstirbt, vor allem dann, wenn nicht rechtzeitig reagiert wurde und deshalb eine Behandlung zu spät stattgefunden hat.

Nach der Operation sollte Ihr Vierbeiner noch einige Tage zur Beobachtung in der Tierklinik verbringen. Einige Patienten entwickeln danach Herzrhythmusstörungen, die in der Regel aber gut behandelt werden können. Verläuft die Heilung gut, kann am Tag nach der Operation das erste Futter angeboten werden. Einer schnellen Rückkehr nach Hause steht dann meist nichts mehr im Weg.

GESUNDHEITSVORSORGE

Um Ihren Hovawart gesund und fit zu halten, sollten Sie ein wenig Vorsorge für seine Gesundheit treffen. Lassen Sie ihn zum Beispiel regelmäßig vom Tierarzt untersuchen, damit Krankheiten nicht unerkannt bleiben. Meist gilt: Je früher etwas erkannt und behandelt wird, desto besser sind die Genesungschancen.

Eine gesunde und ausgewogene Ernährung und eine der Rasse entsprechende Bewegung und Beschäftigung sind ebenfalls wichtig, damit Ihr Vierbeiner bis an sein Lebensende über eine gute Gesundheit verfügen kann. Über verschiedene Fütterungsmöglichkeiten haben Sie sich bereits informiert. Welche Aktivitäten für Ihren Hovawart in Frage kommen, erfahren Sie in einem nachfolgenden Kapitel.

Über die unterschiedlichsten Impfmöglichkeiten hat Sie Ihr Veterinär vermutlich schon beim ersten Besuch in seiner Praxis aufgeklärt. Halten Sie die Termine strikt ein, damit sich gefährliche Krankheiten nicht ausbreiten können.

Impfungen

Bei der Abholung Ihres Welpen haben Sie von seinem Züchter einen Impfpass ausgehändigt bekommen. Darin sind die bereits erfolgten Immunisierungen eingetragen. Sie sollten nun dafür sorgen, dass diese wichtigen Grundimmunisierungen auch abgeschlossen werden.

Als Pflichtimpfungen gelten Immunisierungen gegen die Tollwut, die Leptospirose, die Staupe, die Hepatitis und die Parvovirose.

Die **Tollwut** ist eine sehr ansteckende und gefährliche Viruserkrankung. In der Regel findet die Ansteckung durch den Biss eines infizierten Tieres statt. Das zentrale Nervensystem wird dermaßen in Mitleidenschaft gezogen, dass es zu ernstzunehmenden Verhaltensauffälligkeiten kommt. Tollwut ist nicht heilbar und führt meist zum Tod des Hundes.

Bei der **Leptospirose** handelt es sich um eine Infektion mit Bakterien. Sie verursacht Nieren- und Leberschäden. Begleitet wird sie oft durch eine Entzündung im Magen-Darm-Trakt mit Blutungen.

Die **Staupe** ist eine Virusinfektion. Eine Infizierung findet über die Körperflüssigkeiten statt. Eine Erkrankung mit Staupe kann mit dem Tod des Hundes enden.

Liegt eine Leberentzündung vor, handelt es sich meist um **Hepatitis**. Diese Krankheit ist äußerst ansteckend und kann bei Welpen ein tödliches Ende zur Folge haben. Eine Infizierung kann durch die kontaminierten Ausscheidungen eines an Hepatitis erkrankten Hundes erfolgen. Anfangs kommt es zu Fieber und Problemen mit der Verdauung. Später kann eine chronische Hepatitis entstehen.

Auch die **Parvovirose** kann für Welpen mit dem Tod enden. Das Krankheitsbild zeichnet sich durch Erbrechen und Durchfall aus. Dadurch verliert der erkrankte Vierbeiner schnell an Flüssigkeit und trocknet innerlich aus. Eine erfolgreiche Behandlung ist dann fragwürdig.

Wahlimpfungen dagegen stehen für die Borreliose, den Zwingerhusten, Tetanus, die Leishmaniose und Herpes zur Verfügung. Diese werden nur im Bedarfsfall individuell verabreicht.

Durch den Biss einer Zecke kann die **Borreliose** übertragen werden. Die ersten Anzeichen können sich erst sehr spät bemerkbar machen und deuten nicht unbedingt auf eine Zecke hin. Bei sehr schweren Krankheitsverläufen kann es zu Organschäden und Lähmungen kommen.

Der **Zwingerhusten** ist vor allem für immunschwache Hunde gefährlich und kann in diesem Fall tödlich enden. Gefährdet sind große Bestände, wie sie in Zuchtanlagen oder in Pensionen sowie Tierheimen vorkommen. Tritt ein trockener Husten auf, der mit Würgereizen, Erbrechen und Fieber begleitet wird, könnte es sich um eine Infektion mit dem Zwingerhusten handeln.

Eine Infektion mit **Tetanus**bakterien kann unbehandelt zum Tod des Hundes führen. Oftmals genügen schon kleinste Verletzungen, um sich zu infizieren. Zum Glück ist diese Erkrankung bei Hunden recht selten geworden, sie ist deshalb aber nicht weniger gefährlich.

Die **Leishmaniose** wird von Sandmücken übertragen, die überwiegend in südeuropäischen Ländern am Mittelmeer ansässig sind. Ist hier ein Urlaub mit dem Vierbeiner geplant, sollten Sie ihn gegen Leishmaniose impfen lassen. Eine Infizierung ist nicht heilbar, es können lediglich die Symptome gelindert werden.

Gerade für Welpen ist eine Infektion mit dem **Herpes**virus meist tödlich. Die Ansteckung erfolgt über die Mutter, deshalb sollte diese noch vor der Trächtigkeit gegen Herpes geimpft werden.

Wenn Sie den Begriff „Pflichtimpfung" hören, bedeutet dies nicht, dass Sie Ihren Hund gegen diese entsprechenden Krankheiten impfen lassen **müssen**. Sie sollten es lediglich als Ihre **Pflicht** ansehen, diese

Impfungen durchführen zu lassen, denn je mehr Herdenimmunität besteht, desto weniger haben diese Krankheiten eine Möglichkeit, sich auszubreiten. Es ist also nicht gesetzlich vorgeschrieben, Ihren Hund impfen zu lassen.

Allerdings werden Sie bei Veranstaltungen, die Sie mit Ihrem Hund besuchen möchten, oft darauf hingewiesen, dass der Vierbeiner gegen bestimmte Krankheiten geimpft sein muss. Auch in Tierpensionen wird eine Grundimmunisierung der „Pflichtimpfungen" gefordert und wenn Sie mit Ihrem Hund eine Urlaubsreise planen, so müssen Sie auch an den Grenzen einen gültigen Impfnachweis vorlegen.

Die Grundimmunisierung

Die Grundimmunisierung sollte sinnvollerweise schon im Welpenalter beginnen. Verantwortungsvolle Züchter machen hier auch den Anfang. Sie müssen dann bei der Übernahme des Welpen den Impfschutz vervollständigen lassen.

Die ersten Impfungen erfolgen in einem Alter von acht Wochen. Die zweiten Injektionen werden mit 12 Wochen verabreicht und die dritten folgen dann mit 16 Lebenswochen. Im 15. Lebensmonat wird die Grundimmunisierung abgeschlossen.

Bei einigen Impfungen müssen Sie eine jährliche Auffrischung vornehmen lassen, in der Regel erfolgt ein Booster aber erst nach drei Jahren. Lassen Sie sich von Ihrem Tierarzt informieren und gegebenenfalls an die Impftermine erinnern.

Nebenwirkungen

Nebenwirkungen können bei jedem Arzneimittel auftreten. Auch bei den Impfungen ist nicht sichergestellt, dass Ihr Hund sie allesamt gut verarbeitet. In der Regel werden aber alle Impfstoffe gut vertragen und verursachen keine weiteren Probleme.

Trotzdem kann es zu einer Schwellung und/oder Rötung der Einstichstelle kommen. Dies ist nicht unnormal und verschwindet meist nach wenigen Tagen wieder.

Weiterhin kann der Impfling unter Müdigkeit leiden. Lassen Sie Ihren frisch geimpften Hund also keine Wunderwerke verbringen, sondern gönnen Sie ihm Ruhe.

Ebenso könnte Ihr Vierbeiner das Futter verweigern. Eine solche Appetitlosigkeit ist nicht tragisch, sollte aber nach kurzer Zeit aufhören.

Fieber, Durchfall und Erbrechen sind ebenso nicht unbedingt seltene Begleiterscheinungen einer Impfung. Jedoch sollte sich dieser Zustand nach einigen Tagen beruhigen und verbessern.

Allergische Reaktionen können weiterhin eine Nebenwirkung von Impfungen darstellen. Je nachdem, wie schwer diese ausfallen, konsultieren Sie bitte Ihren Tierarzt.

Auftretende Nebenwirkungen, egal, welcher Art, geben Sie Ihrem Veterinär bekannt, so dass er es in der Krankenakte Ihres Hundes vermerken kann. Selbstverständlich stellen Sie Ihren Vierbeiner in der Praxis vor, sollten die Nebenwirkungen unerwartet schwer ausfallen.

Kastration/Sterilisation

Sollten Sie nicht einem Züchterkreis angehören, denken Sie wahrscheinlich über die Kastration oder Sterilisation Ihres Hundes nach. Beide Varianten können sowohl bei männlichen als auch bei weiblichen Hunden vorgenommen werden, wobei eine Sterilisation lediglich der Vermeidung einer Fortpflanzung dient und keinerlei Auswirkungen auf das Verhalten des Vierbeiners hat.

Dennoch handelt es sich bei einer **Sterilisation** um einen operativen Eingriff, der natürlich sehr gut überlegt sein will, denn es besteht immer ein Gesundheitsrisiko, zumal die OP unter Vollnarkose erfolgt. Ebenso wären Spätfolgen möglich, die sich vor allem bei Hündinnen in einer Gebärmutterentzündung oder gar in einer Vereiterung der Gebärmutter äußern können. Zudem soll erwähnt werden, dass eine Sterilisation nicht ohne medizinische Gründe vorgenommen werden darf. So steht es auch im Tierschutzgesetz geschrieben. Solche medizinisch notwendigen Gründe liegen bei der Sterilisation eines Hundes meist nicht vor, deshalb wird sie auch sehr selten durchgeführt. Bei der Kastration sieht es schon anders aus, darüber erfahren Sie gleich mehr.

Sollte dennoch eine Sterilisation in Betracht kommen, werden Sie vor der Operation natürlich gründlich darüber aufgeklärt. Weiterhin wird Ihr Tierarzt Ihren Hund untersuchen, damit er eine gute Gesundheit für die bevorstehende Sterilisation feststellen kann.

Am Tag der Operation darf Ihr Vierbeiner weder fressen noch trinken, er muss „nüchtern" sein. Es findet eine erneute Untersuchung statt, bei der in der Regel schon ein Venenzugang und ein Tubus gelegt wird. Ist die Narkose eingeleitet, wird der OP-Bereich rasiert, desinfiziert und steril abgedeckt.

Nun werden entweder die Samenleiter oder die Eileiter durchtrennt. Es kann bis zu einer Stunde dauern, bis die OP beendet ist und die Wunde vernäht werden kann. Nach etwa zwei Stunden Beobachtungszeit können Sie Ihren Vierbeiner wieder mit nach Hause nehmen.

Sie bekommen ein Schmerzmittel mit, welches Sie Ihrem Hund verabreichen müssen. Ausgiebige Spaziergänge und Anstrengungen sollten in den nächsten Tagen nicht unternommen werden. Nehmen Sie unbedingt die Kontrolltermine bei Ihrem Tierarzt wahr, damit dieser feststellen kann, ob alles gut verlaufen ist.

Auch bei einer **Kastration** handelt es sich um einen operativen Eingriff, der unter Vollnarkose durchgeführt wird und deshalb auch Risiken für die Gesundheit bedeutet.

Die Vorteile einer Kastration liegen aber klar auf der Hand. Es finden Veränderungen im Verhalten des Rüden oder der Hündin statt. Ein Rüde ist weniger territorial und hat auch kein Bedürfnis mehr, einer läufigen Hündin hinterherzulaufen. Somit ist das Potenzial des „Ausbüxens" erheblich minimiert. Zudem wird er umgänglicher, wenn er Kontakt zu Artgenossen hat. Zu guter Letzt kann ein Rüde nicht mehr an Hodenkrebs erkranken.

Eine Hündin wird nicht mehr läufig und die lästigen „blutigen Tage" bleiben aus. Auch sogenannte Scheinträchtigkeiten finden nicht mehr statt. Zudem ist das Risiko einer Brustkrebserkrankung minimiert, wenn diese OP sehr frühzeitig durchgeführt wird. Ebenso sind Tumore an den Eierstöcken oder Vereiterungen der Gebärmutter in Zukunft ausgeschlossen. Selbstredend kann eine Fortpflanzung bei beiden Geschlechtern nicht mehr stattfinden, und zwar lebenslänglich.

Nachteilig wirkt sich eine Kastration auf das Gewicht Ihres Hundes aus. Wegen des übermäßigen Appetits, der sich nach dieser Operation entwickeln kann, kann es zu Übergewicht kommen – insbesondere dann, wenn Ihr Vierbeiner auch noch weniger Bewegung bekommt, weil er träge geworden ist.

Bei Hunderassen mit längerem Fell kann es zu Veränderungen im Haarkleid kommen und Hündinnen könnten unter einer Harninkontinenz leiden. Leider erhöht sich das Risiko einer Tumorbildung am Herzen, in den Knochen und der Milz. Auch Entzündungen der Ohren oder eine Schilddrüsenunterfunktion treten gehäuft nach einer Kastration auf.

Probleme in der Erziehung lösen Sie damit aber nicht. Hier liegen andere Gründe vor, die natürlich nicht unbeachtet bleiben dürfen.

Soll nun eine Kastration durchgeführt werden, bedeutet es bei einem Rüden die Entfernung der Hoden und bei einer Hündin die Entfernung der Eierstöcke und gegebenenfalls der Gebärmutter. Deshalb ist diese Operation auch etwas umfangreicher und hat Auswirkungen auf das Verhalten des Vierbeiners, da sich der Hormonhaushalt verändert.

Sie werden während eines Vorgespräches über alle möglichen Risiken sowie über die Vor- und Nachteile einer Kastration aufgeklärt. Ist die Entscheidung gefallen, wird ein Termin für die Operation vereinbart.

An diesem Tag muss Ihr Vierbeiner „nüchtern" bleiben, denn der Eingriff wird unter Vollnarkose durchgeführt. Nach einem finalen Gesundheitscheck wird diese eingeleitet und die OP kann beginnen.

Wie schon erwähnt, werden bei einem Rüden die Hoden entfernt. Dies geschieht durch einen kleinen Schnitt am Hodensack. Anschließend wird die Wunde genäht. Diese Operation dauert vielleicht gerade einmal eine halbe Stunde.

Bei einer Hündin muss die Bauchdecke geöffnet werden. Meist werden nur die Eierstöcke entfernt, manchmal auch die Gebärmutter. Danach wird auch hier der Schnitt vernäht und die Hündin bleibt noch einige Zeit unter Beobachtung.

Ihnen werden Schmerzmedikamente mitgegeben, die Ihr Hund bekommen muss, und er wird eine Halskrause tragen müssen, damit er nicht an der frischen OP-Narbe herumlecken kann. In den nächsten Tagen stehen einige Nachsorgetermine an und nach etwa zehn Tagen werden die Fäden gezogen.

Selbstverständlich sollte Ihr Vierbeiner keine anstrengenden Aktivitäten unternehmen, sondern viel Ruhe bekommen. Längere Spaziergänge verschieben Sie, bis alles gut verheilt ist.

Wie schon erwähnt, muss auch eine Kastration medizinische Gründe vorweisen, um durchgeführt werden zu dürfen, denn es dürfen in Deutschland keinem Tier unnötige Schmerzen zugefügt und keine „grundlosen" Amputationen vorgenommen werden. Ein medizinischer Hintergrund ist dann aber gegeben, wenn die Kastration vor Vorbeugung bestimmter Krankheiten dient. Natürlich ist es auch medizinisch vereinbar, wenn bereits Krankheiten vorliegen, die eine Kastration rechtfertigen. Bei besonders verhaltensauffälligen Hunden ist es ebenso gegeben, eine Kastration durchführen zu lassen, damit sie zu einem normalen und artgerechten Verhalten zurückfinden können.

Ihr Veterinär wird Sie über diesen Eingriff aufklären.

Hausapotheke

Sie selbst haben wahrscheinlich einen Medizinschrank im Schlaf- oder Badezimmer hängen, in dem Sie alles Mögliche für die Erste Hilfe und Ihre

Medikamente aufbewahren. Auch für Ihren Hovawart sollten Sie eine kleine Hausapotheke in Betracht ziehen, denn auch ihm kann einmal ein Notfall widerfahren. Dann haben Sie gleich alles Notwendige griffbereit.

In einer Hundeapotheke können Sie alle Utensilien unterbringen, die für kleinere Erste-Hilfe-Maßnahmen dienlich sind. Auch für das eine oder andere Unwohlsein Ihres Hundes sollten bestimmte Medikamente vorrätig sein. Dies gilt aber nur für minimale Erkrankungen, die für Ihren Vierbeiner nicht lebensbedrohlich sind. In solchen Fällen suchen Sie selbstverständlich immer Ihren Tierarzt auf. Dieser hilft Ihnen übrigens auch gerne bei der Zusammenstellung der Hausapotheke für Ihren Liebling.

Ansonsten gehören in der Regel diese Gegenstände in den Arzneischrank:

Leidet Ihr Hovawart an bestimmten Krankheiten und muss **Medikamente** einnehmen, so verstauen Sie sie sicher in der Hausapotheke.

Ein **Maulkorb** könnte notwendig werden, falls Ihr Vierbeiner unter starken Schmerzen leidet. Dann kann auch der noch so allerliebste Hund zubeißen.

Unterschiedliches **Verbandsmaterial** mit einer geeigneten **Verbandsschere** sollten Sie in der Hausapotheke verwahren, damit Sie kleinere Wunden sofort versorgen können. Weiterhin sollten Sie **selbstklebende Binden** besitzen, um einen Verband fixieren zu können.

Dazu gehören auch ein **Desinfektionsmittel** und eine **Wundsalbe**.

Eine oder besser mehrere **Einwegspritzen** könnten bei einer Medikamentengabe hilfreich sein.

Um Verletzungen an den Pfoten zu schützen, eignen sich entweder spezielle **Hundeschuhe** oder **Babysocken**.

Hat Ihr Hovawart des Öfteren Probleme mit den Ohren, können Sie ein spezielles **Reinigungsmittel** bereithalten. Damit lassen sich die Ohren gut säubern und Fremdkörper herausspülen.

Damit Sie im Krankheitsfall die Körpertemperatur Ihres Hundes kontrollieren können, benötigen Sie ein **Fieberthermometer**. Damit die Messung zügig geschieht, verwenden Sie am besten ein digitales Modell.

Zu Ihrem eigenen Schutz lagern Sie **Einmalhandschuhe** in der Hausapotheke.

Im Falle einer Vergiftung kann **Aktivkohle** als Erste-Hilfe-Maßnahme dienlich sein. Diese ersetzt aber nicht den lebensrettenden Besuch bei Ihrem Tierarzt. Zudem müssen Sie sich genau informieren, wie viel Sie Ihrem Hund von der Aktivkohle verabreichen müssen. Dies erfahren Sie bei Ihrem Veterinär.

Um im Sommer einer Zeckenplage Herr zu werden, brauchen Sie eine **Zeckenzange**. Mit dieser können Sie die Plagegeister ganz einfach aus dem Fell Ihres Hundes entfernen.

Um eingetretene Splitter zuverlässig entfernen zu können, ist eine **Pinzette** hervorragend geeignet und sollte nicht fehlen.

Da auch Flöhe sehr lästig sein können, halten Sie ein **Flohspray** für den Hund und ein **Umgebungsspray** für die Wohnung bereit.

Ganz wichtig ist die **Telefonnummer** Ihres **Tierarztes** und eines **tierärztlichen Notdienstes**. Sind diese im Arzneischrank Ihres Hundes verwahrt, hat jeder aus der Familie im Notfall Zugriff darauf und kann dementsprechend handeln, wenn Sie selbst nicht im Hause sind.

Um den individuellen Bedürfnissen Ihres Vierbeiners gerecht zu werden, könnten Sie möglicherweise noch andere Dinge in der Hausapotheke verwahren. Dabei könnte es sich zum Beispiel um die sogenannten **„Rescue-Tropfen"** für Hunde handeln. Vielleicht benötigt Ihr Vierbeiner aber auch eine **Antiallergische Salbe** oder dergleichen. Lassen Sie sich von Ihrem Tierarzt beraten.

Ist Ihre Hundeapotheke erst einmal eingerichtet, kontrollieren Sie sie in regelmäßigen Abständen auf die Haltbarkeit und Vollständigkeit der Produkte.

Die Erziehung eines Gebrauchshundes

Einen Hund zu erziehen und ihm verschiedene Kommandos beizubringen, ist nicht immer einfach und manchmal sind auch große Hürden zu nehmen. Einige Rassen lassen sich besonders leicht ausbilden, andere brauchen etwas länger, bis sie einen Befehl verstanden haben und ihn ausführen können.

Nun kommt im Falle des Hovawarts noch der Umstand dazu, dass es sich hier um einen sogenannten Gebrauchshund handelt. Solche Rassen sind es gewohnt, zum Teil oder auch gänzlich selbständig Entscheidungen zu treffen und dementsprechend zu agieren. Diese Verhaltensweise ist genetisch verankert und lässt sich nicht „abgewöhnen".

Um nun einen Gebrauchshund dazu zu bewegen, dass er auf Ihre Kommandos hört, brauchen Sie sehr viel Selbstbewusstsein und Souveränität. **Sie** sind das Alpha-Tier und somit der Rudelführer und bestimmen daher, was wann und wo gemacht wird oder nicht gemacht wird. Ihr Hovawart muss dies akzeptieren, dann können Sie aus ihm einen gehorsamen und folgsamen Hund machen, was wiederum für ein harmonisches Zusammenleben zwischen Mensch und Hund sorgt.

Entgegen vielen Meinungen sollten Sie die für den Hund aufgestellten Regeln sofort nach seinem Einzug durchsetzen und nicht etwa eine sogenannte Eingewöhnungsphase abwarten. Während dieser Zeit kann er sich schon viele Unarten angewöhnt haben, die Sie eigentlich gar nicht wollen. Diese dem Vierbeiner dann wieder abzugewöhnen, ist wesentlich schwerer, als sie gar nicht erst aufkommen zu lassen. Lassen Sie sich also nicht von den niedlichen Kulleraugen Ihres Welpen erweichen und bleiben Sie konsequent.

Konsequenz ist übrigens etwas, was Sie immer wieder während der Erziehung Ihres Hovawarts brauchen. Vernachlässigen Sie diese, werden Sie bald nicht mehr das Alpha-Tier in Ihrem Hund-Mensch-Rudel sein. Zudem wird Ihr Vierbeiner ein Experte darin werden, etwaige Lücken in Ihrem Erziehungssystem zu finden und für sich zu nutzen. Seien Sie also auf der Hut und besprechen Sie sich mit Ihren Familienangehörigen. Auch diese müssen die aufgestellten Regeln beachten und dem Hund gegenüber durchsetzen, ansonsten kann Ihr bisheriges Training sinnlos gewesen sein.

Verwenden Sie für die Übungen mit Ihrem Vierbeiner klare und verständliche Worte. Sie dürfen Ihren Hovawart nicht vermenschlichen, er hat kein so großes Redebedürfnis wie Sie. Erzählen Sie ihm also keine Romane, wenn er sich einfach nur hinlegen soll. Ein kurzes „Platz" genügt, um ihm dies mitzuteilen. Ein Hovawart wird Ihr Gerede früher oder später als unwichtig einordnen und es schlichtweg überhören.

Egal, was passiert, bleiben Sie ruhig. Sie werden ganz sicher in der Erziehung Ihres Hundes auch einige Rückschläge erleben und sich fragen, warum es jetzt gerade nicht funktioniert, hat doch der Vierbeiner das gleiche Kommando gestern noch anstandslos ausgeführt. Aufregung, Herumschreien oder gar Strafen nützen jetzt aber gar nichts. Im Gegenteil würden Sie die Situation damit nur verschlimmern. Ihr Hovawart wird noch unsicherer, noch mehr Fehler machen und zuletzt sehr ängstlich Ihnen gegenüber werden. Das Vertrauen ist damit dahin. Also Ruhe bewahren, tief durchatmen und für eine angenehmere Lernatmosphäre sorgen. Fangen Sie mit der Übung noch einmal von vorne an und wenn Ihr Hund sie endlich richtig ausführt, belohnen Sie ihn ausgiebig mit Streicheleinheiten und Leckerli.

Nun spielt auch der Zeitpunkt, wann Sie Ihren Hund zum Beispiel belohnen, wenn er nach Ihren Wünschen agiert hat, eine große Rolle. Ein Hund kann Ereignisse, die einige Minuten vorher geschehen sind, nicht mit Ihrer jetzigen Belohnung in Verbindung bringen. Ein gutes Beispiel: Ihr Hund begrüßt Sie, wenn Sie nach Hause kommen. Er springt an Ihnen hoch und Sie streicheln ihn. So macht es fast jeder Hundebesitzer. Aber was richten Sie damit an? Richtig ... Sie belohnen den Hund für das Hochspringen, es stellt keine Begrüßung für ihn dar. Folglich wird Ihr Vierbeiner immer wieder an Ihnen hochspringen, damit er gestreichelt wird. Machen Sie dies besser dann, wenn er mit allen Füßen fest auf dem Boden steht.

Verlangen Sie Ihrem Vierbeiner nicht zu viel ab. Es braucht seine Zeit, bis eine Übung einwandfrei „sitzt". Erst dann sollten Sie mit einer neuen Aufgabe beginnen. Vergessen Sie nicht, das bisher Gelernte zwischendurch zu wiederholen, damit es nicht in Vergessenheit gerät. Steigern Sie den Schwierigkeitsgrad nur langsam, damit Ihr Hund auch „mitkommt".

Damit Ihr Hovawart auch gerne mit Ihnen übt und etwas dabei lernt, muss die Motivation dazu immer erhalten bleiben. Sonst hat er bald keine Lust mehr auf Ihre gemeinsamen Trainingsstunden und sucht sich schnell eine eigene, wahrscheinlich viel spannendere Beschäftigung. Sorgen Sie also dafür, dass es bei **Ihnen** immer am spannendsten ist, denn so sichern Sie sich die Aufmerksamkeit Ihres Hundes. Um das zu erreichen, ist es ratsam, mit der sogenannten positiven Verstärkung während der Erziehung zu arbeiten. Was das ist und wie es funktioniert, erfahren Sie später.

Sollte Ihr Vierbeiner Ihr Kommando einmal nicht ausführen, macht er dies sicher nicht, um Sie zu ärgern. Meist steckt eine Ablenkung dahinter, die für ihn gerade sehr viel interessanter ist, als Ihrem Befehl zu gehorchen. Er hat also gerade keine Motivation dazu. Wie war das noch? Es sollte bei **Ihnen** doch immer spannender sein als alles andere drumherum. Nehmen Sie also das ultimative Leckerli in die Hand und versuchen Sie es noch einmal.

Ihr Hund soll seine Aufmerksamkeit immer auf Sie als Rudelführer gerichtet haben. Die gemeinsamen Gassirunden eignen sich hervorragend dazu, dies zu erreichen. Gehen Sie nicht einfach nur Gassi mit Ihrem Vierbeiner, sondern beschäftigen Sie ihn während dieser Zeit. Spielen Sie mit ihm, lassen Sie ihn Dinge apportieren oder über einen Baumstamm balancieren. Verschiedene Denkaufgaben und Suchspiele sind ebenso geeignet, in die Gassirunde integriert zu werden. Weiterhin können Sie noch die bisher erlernten Kommandos trainieren und vielleicht gehen Sie zwischendurch auch einfach mal in eine andere Richtung. So erhalten Sie sich die Aufmerksamkeit Ihres Hundes und er kommt nicht auf „dumme Gedanken“. Zudem können Sie mit solchen Aktivitäten die Bindung zu Ihrem Liebling ausbauen und stärken.

Damit Ihr Gebrauchshund auch gut ausgelastet ist, könnten Sie sich einem Hundesportverein anschließen. Hier treffen Sie sicher auf gleichgesinnte Hundehalter und eine gegenseitige Unterstützung wäre denkbar. Ihrem Hovawart geben Sie zugleich die Gelegenheit, mit gleichaltrigen Artgenossen zusammenzukommen.

GRUNDKOMMANDOS

Die Grundkommandos müssen beherrscht werden ... und dies von jedem Hund, egal, ob groß oder klein.

Einige von ihnen sind sehr wichtig, denn in bestimmten Situationen bedeuten sie: Rettung des eigenen und fremden Lebens.

Deshalb sollten Sie mit Ihrem Hovawart folgende Befehle trainieren: „Sitz“, „Platz“, „Bleib“, „Nein“, „Aus“, „Hier“ und „Bei Fuß“. Dies ist gar nicht so schwer, probieren Sie es aus.

Die Kommandos **„Sitz“** und **„Platz“** sollen Ihren Hund zur Ruhe bringen, wenn er sich einmal zu sehr aufregt. Selbstverständlich dienen sie auch zum Abwarten in bestimmten Situationen, zum Beispiel beim Warten an einer roten Ampel.

Wenn Sie das Kommando **„Sitz“** zum ersten Mal üben möchten, sollten Sie dies in einer ruhigen und ablenkungsfreien Umgebung machen, zum Beispiel im heimischen Garten. Dafür nehmen Sie ein Leckerli in Ihre Hand und halten es über den Kopf Ihres Hundes. Dieser möchte den Leckerbissen natürlich erhaschen und damit er ihn gut im Auge behalten kann, wird er sich wahrscheinlich hinsetzen, um besser nach oben schauen zu können. Jetzt geben Sie Ihr Kommando und belohnen Ihren Vierbeiner mit dem Leckerli. Wiederholen Sie diese Übung mehrmals, bevor Sie den Abstand zwischen Ihnen und Ihrem Hund vergrößern und damit den Schwierigkeitsgrad ansteigen lassen. Mit der Zeit können Sie auch das Zeitintervall zwischen dem Befehl „Sitz" und dem Beenden dieser Übung erhöhen. Denken Sie sich ein Signal aus, welches Ihr Kommando aufhebt, wie zum Beispiel „Ok". Dieses geben Sie dann, wenn Sie der Meinung sind, Ihr Hund hat lange genug gesessen und die Übung damit ausgeführt. Sie können bei allen anderen Kommandos dieses „Ok" als „Auflösesignal" verwenden.

Das Kommando **„Platz"** soll Ihrem Hund eine längere Entspannungszeit vermitteln. Wenn Sie zum Beispiel ein Restaurant besuchen oder in öffentlichen Verkehrsmitteln fahren, bietet es sich an, Ihren Vierbeiner abzulegen. Das Üben dieses Kommandos erfolgt aus dem „Sitz". Dies haben Sie Ihrem Vierbeiner schon beigebracht.

Lassen Sie Ihren Hovawart „Sitz" machen. Wieder halten Sie in einer Hand ein Leckerli, welches Sie aber jetzt zum Fußboden gleiten lassen. Ihr Hund wird die Leckerei sicher aufmerksam mit seinen Augen verfolgen und legt sich vielleicht auch schon hin. In diesem Moment geben Sie Ihr Kommando „Platz" und belohnen Ihren Liebling. Verwenden Sie Ihr gewähltes Auflösesignal, um ihm zu vermitteln, dass er wieder aufstehen darf. Trainieren Sie dies ein paar Male, bevor Sie anfangen, Ihren Hund über eine längere Zeit liegen zu lassen. Auch der Abstand zwischen Ihnen und dem Schüler darf nach und nach vergrößert werden.

Möchten Sie, dass Ihr Vierbeiner an einer Stelle liegen bleibt, während Sie sich von ihm entfernen, verwenden Sie das Kommando **„Bleib"**. Sie können diese Übung aus dem „Sitz" oder aus dem „Platz" heraus verwenden.

Ihr Garten bietet sich für das anfängliche Training an, da hier kaum äußere Reize auf Ihren Hund Einfluss nehmen und er sich somit gut konzentrieren kann. Lassen Sie nun Ihren Vierbeiner „Sitz" oder „Platz" machen. Anschließend geben Sie das Kommando „Bleib" und strecken zusätzlich Ihre flache Hand nach dem Hund aus. Verbleibt er in seiner

Position, geben Sie das Auflösesignal und belohnen ihn ausgiebig. Im nächsten Schritt gehen Sie wenige Schritte rückwärts, nachdem Sie „Bleib" befohlen haben. Bleibt Ihr Hund auch jetzt liegen, lösen Sie nach wenigen Sekunden die Übung auf und geben ihm seine Belohnung. Nach und nach steigern Sie den Schwierigkeitsgrad, indem Sie sich immer weiter von Ihrem Hund entfernen und ihn über längere Zeit liegen lassen.

Das Kommando **„Nein"** verwenden Sie, um ein unerwünschtes Verhalten Ihres Hundes zu unterbinden. Weiterhin ist es für Gegenstände oder Lebensmittel, die von Ihrem Hund nicht angerührt werden sollen, gedacht. Zuletzt könnte es auch das Leben Ihres Hundes bewahren. Dieser Befehl ist also einer der wichtigsten Grundkommandos, die Ihr Vierbeiner beherrschen sollte.

Wie in den vorangegangenen Übungen nehmen Sie ein Leckerli in Ihre flache Hand und zeigen es Ihrem Hund. Wahrscheinlich möchte er nun den Leckerbissen aufnehmen, Sie befehlen aber „Nein" und machen Ihre Hand zu. Anschließend öffnen Sie die Hand und wiederholen diese Übung. Das Leckerli darf erst dann gegeben werden, wenn Ihr Vierbeiner nicht mehr ungeduldig an Ihrer Hand herumstupst, sondern sich beruhigt und den Blickkontakt zu Ihnen sucht. In diesem Moment signalisieren Sie ihm mit dem Kommando „Nimm" Ihre Erlaubnis zum Fressen. Diese Übung wiederholen Sie so lange, bis Ihr Vierbeiner erst nach Ihrer Freigabe das Leckerli zu sich nimmt.

Nun trainieren Sie weiter, indem Sie das Leckerli auf den Fußboden legen. Auch in diesem Lernschritt geben Sie erst das Kommando „Nein", sobald Ihr Hund in Versuchung gerät, es aufzunehmen. Wird es befolgt, sagen Sie „Nimm". Schwieriger wird es dann, wenn Sie diese Übung einmal in einen Spaziergang integrieren.

Hat Ihr Hund etwas aufgenommen, Sie möchten aber, dass er es sofort wieder hergibt, befehlen Sie **„Aus"**. Dieser Befehl kann ebenso lebensrettend sein wie das „Nein". Es gibt aber noch weitere Situationen, in denen dieses Kommando sehr hilfreich ist, zum Beispiel beim Apportieren. Es nützt Ihnen wenig, wenn Ihr Hund hinter dem Ball herläuft, ihn aufnimmt und zurückbringt, das Spielzeug dann aber nicht abgeben will.

Dieses Training könnte etwas schwieriger werden, denn Sie müssen Ihrem Hund eine akzeptable Alternative dafür bieten, dass er seine „Beute“ wieder hergibt. Vielleicht gibt es ein ganz besonderes Lieblingsspielzeug, welches Sie für diese Übung verwenden können. Ansonsten suchen Sie ein sehr schmackhaftes Superleckerli aus, um es gegen die „Beute“ zu tauschen.

Hat Ihr Vierbeiner nun den Ball im Maul und Sie möchten, dass er ihn hergibt, halten Sie ihm die Alternative hin. Vermutlich wird Ihr Hund den Gegenstand fallenlassen, um das Spielzeug oder Leckerli zu nehmen. In diesem Moment befehlen Sie „Aus“ und tauschen den Gegenstand ein. Trainieren Sie diese Übung so lange, bis Ihr Hund seine Beute auf Ihren Befehl hergibt.

Der sichere Rückruf ist ebenso ein Kommando, welches Leben retten kann und nicht nur das Ihres Hundes. Nicht auszudenken, wenn Ihr Vierbeiner über eine gut befahrene Straße laufen will und Sie ihn nicht aufhalten können. Für diesen Zweck verwenden Sie das Kommando **„Hier“**. Beherrscht Ihr Hund diesen Rückruf zuverlässig, können Sie ihm auch ohne Weiteres den ersehnten Freilauf gönnen.

Oft bieten Hunde ein solches Verhalten von selbst an, deshalb sollte es nicht so schwer sein, dieses Kommando gut einzustudieren. Ist Ihr Vierbeiner noch ein Welpe, wird Ihnen sicher auffallen, dass er kaum von Ihrer Seite weichen möchte. Ebenso wird er sehr oft zu Ihnen zurückkehren, wenn Sie sich in einer für den Hund ungewohnten Situation befinden. Machen Sie es sich zunutze, verwenden Sie in solchen Momenten Ihr Kommando und belohnen Sie den Hund, wenn er zu Ihnen kommt.

Zudem zeigen Sie Ihrem Vierbeiner auch mit körperlichen Signalen, dass Sie sich unheimlich freuen, wenn er zu Ihnen käme. Dies suggeriert ihm, dass er bei Ihnen immer willkommen ist, egal, in welcher Situation er sich gerade befindet. Natürlich darf auch hier die ultimative Belohnung in

Form eines Superleckerlis nicht vergessen werden, denn dies ist der eigentliche Grund, warum Ihr Hund zu Ihnen kommt. Es ist sehr wichtig, dass Sie sich selbst interessanter machen als alles andere um Sie herum.

Sie wünschen sich entspannte Spaziergänge mit Ihrem Hund? Wer möchte schon von seinem Vierbeiner über den Acker gezogen werden? Bringen Sie ihm **„Bei Fuß"** bei und schon steht einem Gassigang ohne Zerren und Ziehen an der Leine nichts mehr im Wege. Weiterhin ist dieser Befehl äußerst hilfreich, wenn Sie an einer Straße mit viel Verkehr entlanggehen oder Ihnen Fußgänger sowie Fahrradfahrer entgegenkommen. Auch in unangenehmen Situationen können Sie Ihren Vierbeiner mit diesem Kommando sehr gut ablenken, denn es erfordert all seine Konzentration.

Wie immer brauchen Sie ein Leckerli. Ihr Hund befindet sich angeleint an Ihrer linken Seite, das Leckerli halten Sie in Ihrer linken Hand. Nun gehen Sie los. Um immer dicht am Leckerli zu sein, wird Ihr Vierbeiner Ihnen vermutlich folgen, immer mit seiner Nase an Ihrer Hand. Vielleicht sucht er auch den Blickkontakt zu Ihnen, denn er wird sich fragen, wann er die Leckerei wohl bekommen wird. Sie geben Ihr Kommando „Bei Fuß".

Läuft Ihr Hund nun mit durchhängender Leine neben Ihnen her, belohnen Sie ihn mit dem Leckerli. Fängt er aber das Ziehen und Zerren an oder bellt er sogar ungeduldig, bleiben Sie stehen. Warten Sie, bis er sich wieder beruhigt hat, und beginnen Sie die Übung von vorne.

Hat Ihr Hund das Kommando verinnerlicht, können Sie den Schwierigkeitsgrad erhöhen und das Tempo variieren. Wenn auch diese Übung „sitzt", haben Sie noch die Möglichkeit, das Training ohne Leine fortzuführen. Dies sollten Sie anfangs allerdings innerhalb eines eingezäunten Bereiches versuchen, damit nichts passieren kann.

Diese Übung erfordert sehr viel Konzentration und die Motivation kann daher schnell verloren gehen. Halten Sie deshalb die einzelnen Übungsintervalle so kurz wie möglich.

Dies sind die wichtigsten Kommandos, die Sie alsbald mit Ihrem Hovawart trainieren sollten. Fangen Sie gerne in der aufgelisteten

Reihenfolge an, denn das „Sitz“ ist am einfachsten und Sie brauchen es für viele weitere Übungen als Voraussetzung.

Überfordern Sie Ihren Liebling aber nicht und üben Sie immer ein Kommando nach dem anderen. Wird Ihr Hund müde und lustlos, beenden Sie das Training mit einem Kommando, welches er schon beherrscht, denn zum Abschluss sollte immer ein Erfolgserlebnis vorherrschen.

DIE POSITIVE VERSTÄRKUNG

Sie haben nun schon einiges über die positive Verstärkung gelesen. Nun erhalten Sie die Informationen darüber, was es damit auf sich hat.

Die positive Verstärkung ist ein belohnungsbasiertes Training. Zeigt der Hund die gewünschte Verhaltensweise, wird er belohnt. Dies erzeugt eine positive Erfahrung und der Vierbeiner wird zukünftig öfter dieses Verhalten zeigen, weil er die Belohnung mit seinem eben gezeigten Verhalten verknüpft. Mit der Zeit wird dieses Verhalten auch deutlich schneller, intensiver und länger gezeigt – oder es bleibt zumindest auf einem Level bestehen. Die Vorteile dieser Arbeitsweise liegen klar auf der Hand.

Ihr Hund wird durch die Belohnung motiviert und ist mit Eifer dabei, den Erfolg genießen zu können, nämlich das Leckerli.

Es wird eine starke Bindung zwischen Ihnen beiden entstehen und sie wird tiefer, je mehr freundliche Verhaltensweisen untereinander ausgetauscht werden. Ihr Hund zeigt das freundliche und gehorsame Verhalten, welches Sie sich wünschen, und Sie geben Ihrem Hund dafür eine leckere Belohnung. Nicht zuletzt entsteht auch ein tiefes Vertrauensverhältnis zwischen Ihnen und Ihrem Hund. So profitiert jeder von der Freundlichkeit des anderen.

Der Einsatz dieser positiven Verstärkung sorgt also dafür, dass Ihr Hund in bestimmten Situationen weiß, wie er sich zu verhalten hat, denn es ist für ihn lohnender, weil er ja ein leckeres Schmankerl dafür erhält.

Sollten Sie dennoch irgendwelche Probleme während der Erziehung Ihres Hovawarts haben, so ist es empfehlenswert, eine Hundeschule zu besuchen. Das erfahrene Personal wird Ihnen mit Rat und Tat zur Seite stehen.

Es wäre allerdings auch denkbar, dass ein gesundheitliches Problem vorhanden ist. Eine Routineuntersuchung beim Tierarzt kann also nicht schaden.

DOMINANZ UND STRAFEN

Es gibt tatsächlich leider immer noch Hundebesitzer, die Ihren Vierbeiner für sein Fehlverhalten oder für ein unangemessenes Benehmen bestrafen. Die Dominanz solcher Menschen ist groß und sie sind es meist nicht gewohnt, wenn ihnen widersprochen wird. Aber ist es sinnvoll, dem Hund in einem solchen Moment körperliche Schmerzen zuzufügen, obwohl Sie zugleich doch sein Vertrauen gewinnen möchten und ihn als Freund bezeichnen?

Sicher nicht, denn das Erste, was Sie damit zerstören, ist eben das bisher aufgebaute Vertrauen Ihres Hundes. Von einer innigen Bindung kann dann nicht mehr die Rede sein.

Setzen Sie nun während der Erziehung irgendeine Bestrafungsmethode ein, verliert Ihr Hund das in Sie gesetzte Vertrauen und er fühlt sich bei Ihnen nicht mehr geborgen. Ihr Vierbeiner wird im Gegenteil immer mehr Angst vor Ihnen bekommen. Diese Angst kann auch situationsbedingt sein, je nachdem, wo und wann Sie diese Bestrafung einsetzen. Nicht zuletzt könnte Ihr Hund auch mit der Zeit ein recht aggressives Verhalten an den Tag legen. Vom sogenannten Problemhund ist er dann nicht mehr weit entfernt. Ihr Hovawart wird in Zukunft sehr unter Stress leiden, sobald er Sie nur erblickt. Dies ist mehr als kontraproduktiv, um eine gute Beziehung aufzubauen.

Deshalb verzichten Sie bitte auf jegliche Arten der Bestrafung. Auch ein Zubehör für Ihren Hund, welches ihm während der Ausbildung unangenehme Gefühle oder gar Schmerzen zufügt, sollten niemals zum Einsatz kommen.

Nehmen Sie besser das Leckerli in die Hand. Ihr Vierbeiner wird sich freuen, wenn er mit Ihnen zusammen etwas unternehmen kann, und Ihnen all sein Vertrauen schenken.

DIE SOZIALISIERUNG

Die Sozialisierung eines Hundes ist sehr wichtig, denn sie ist bestimmend für sein ganzes Leben und sorgt für ein harmonisches Miteinander. Diese Sozialisierung beginnt bereits im Welpenalter.

Durch seine Mutter und seine Geschwister lernt der kleine Hund den Umgang mit seinen Artgenossen. Benimmt er sich zum Beispiel zu rüpelhaft, wird er von den anderen „zurechtgewiesen".

Da Sie sicher einen verantwortungsvollen und seriösen Züchter ausgewählt haben, wird auch dieser für eine anfängliche Sozialisierung seiner Welpen sorgen. Im Idealfall wachsen die Kleinen sogar im Haus auf und bekommen so schon viel vom Alltag mit. Hier wird zum Beispiel in der Küche gewerkelt, der Rasen gemäht, Staub gesaugt und vieles mehr. Auch werden Grenzen durch die Züchterfamilie gesetzt, die wiederum für eine gute Sozialisierung sorgen. Je mehr also die Hundebabys von ihrer Umwelt mitbekommen, desto besser können sie im späteren Leben damit umgehen. Auch ihnen bis dahin unbekannte Situationen meistern sie dann viel besser, als wenn sie völlig isoliert aufwachsen würden.

Nun kann der Züchter natürlich nicht die komplette Sozialisierung seiner Welpen leisten, denn mit etwa acht Wochen verlassen ihn die meisten seiner Schützlinge. Jetzt sind Sie als neuer Hundebesitzer gefragt. Sorgen Sie weiterhin dafür, dass Ihr neuer Freund so viel wie möglich kennenlernt. Bringen Sie ihn mit seinen Artgenossen zusammen und lassen

Sie ihn die Welt entdecken. Zeigen Sie ihm die große Stadt mit vielen Autos und Menschen. Nehmen Sie ihn mit, wenn Sie in den Tierpark gehen, damit er auch andere Lebewesen kennenlernt. Gehen Sie mit ihm in den Wald und lassen Sie ihn hier herumstöbern, sofern es erlaubt ist. So lernt Ihr Vierbeiner ein normales Sozialverhalten gegenüber anderen Menschen, Lebewesen und seinen Artgenossen.

Während Sie Ihrem neuen Freund die große weite Welt zeigen, wird er ein starkes Selbstbewusstsein entwickeln und großes Vertrauen zu Ihnen aufbauen. Er spürt, dass Sie ihn beschützen und ihn niemals in gefährliche Situationen bringen würden. Dies ist wichtig für eine innige und starke Bindung zwischen Ihnen beiden.

Mit diesem Selbstbewusstsein und seinem Vertrauen wird er sicherlich kein ängstlicher Hund werden und auch in Situationen gelassen bleiben, die für ihn ungewohnt sind. Der tägliche Umgang mit Ihrem Vierbeiner wird viel leichter, als Sie es sich vorstellen können.

Fehlt nun eine solche Sozialisierung, könnte sich Ihr Hund einige unerwünschte Verhaltensweisen angewöhnen. Damit erschwert er nicht nur Ihr gemeinsames Zusammenleben, sondern auch sein eigenes. Dies ist ihm natürlich nicht bewusst und er macht es deshalb auch nicht mit Absicht, jedoch hat er es nicht anders gelernt.

Da Ihr Vierbeiner nichts kennengelernt hat, wird er in ihm unbekannten Situationen sehr ängstlich reagieren, was auch in aggressives Verhalten umschlagen kann. Er kennt es nicht, also glaubt er, sich verteidigen zu müssen. Absolut nicht wünschenswert ...

Ihr Hund wird zudem in jedem Augenblick äußerst angespannt sein und deshalb unter Stress leiden. Eine Überreaktion ist dann nicht ausgeschlossen. Ihr Vierbeiner könnte unberechenbar werden.

Im Extremfall wird er irgendwann zubeißen, weil er weder Mensch noch Tier kennengelernt hat. Es gibt zudem niemanden, dem er vertrauen kann und der ihn führt.

Die Liste kann fortgeführt werden mit Zerstörungswut, unaufhörlichem Bellen, unangemessenem Dominanzverhalten usw. Die Gesundheit Ihres Hundes ist mit der Zeit sehr gefährdet.

Sie haben sich einen Problemhund herangezogen. Vielleicht verordnen die Behörden dann eine Leinen- und Maulkorbpflicht für Ihren Vierbeiner. Er wird keinen Kontakt zu Artgenossen haben dürfen und wird niemals seine Bedürfnisse wirklich ausleben können ... was für ein Leben.

Deshalb ist es so wichtig, Ihren Hund gut zu sozialisieren. Sie sollten ihn überallhin mitnehmen können, so gut sollte sein Benehmen sein. Ihr Hund soll Ihr bester Freund werden und es auch bleiben. Dies erreichen Sie nur durch eine gute Sozialisierung.

BESCHÄFTIGUNG FÜR EINEN GEBRAUCHSHUND

Neben den schon genannten sportlichen Aktivitäten liebt Ihr Hovawart lange und ausgiebige Spaziergänge. Wenn Sie selbst etwas sportlich veranlagt sind, können Sie ihn auf Ihren Joggingtouren mitnehmen oder ihn am Fahrrad mitlaufen lassen. Vielleicht besitzen Sie auch ein Pferd. Ihr Vierbeiner begleitet Sie sicher gerne beim täglichen Ausritt.

Daneben halten Sie für Ihren Vierbeiner einiges an Spielgeräten bereit. Er wird sich sicher über einige Zerrseile und Ringe freuen. Sinnvolle Intelligenzspielzeuge ergänzen den Fundus, um keine Langeweile aufkommen zu lassen. Spielen Sie ausgiebig mit Ihrem Hovawart, denn dies sorgt für eine gute Bindung und ein großes Vertrauen zwischen Ihnen beiden.

Ist diese Rasse nicht ausgelastet, wird sie sich schnell eigene Aufgaben suchen, denn Langeweile liegt dem Hovawart überhaupt nicht. Ein solches Unterfangen muss Ihnen aber nicht unbedingt gefallen, deshalb lassen Sie es nicht so weit kommen und nehmen Sie sich genügend Zeit für die Bespaßung Ihres Freundes.

Spiele für den Hovawart

Die meisten Hunde haben sehr viel Spaß beim Spielen. So auch Ihr Hovawart. Auch wenn er als Arbeitshund gezüchtet wurde, möchte er nicht auf das Spielen verzichten. Zumal es ihm auch als Ersatz dient, sollte er nicht als Gebrauchshund eingesetzt werden.

Eine gute Bindung und sein Vertrauen bekommen Sie dabei auch noch geschenkt. Das Spielen ist eine angenehme Beschäftigung für Ihren Vierbeiner. Wenn Sie für immer neue und für den Hund interessante Spiele sorgen, wird er umso mehr auf Sie fixiert sein. Sein Interesse an anderen interessanten Dingen geht verloren, weil es bei Ihnen ja spannend genug ist. Zudem lernt Ihr Vierbeiner, seine Motorik zu koordinieren, und er wird dabei noch überschüssige Energie los. Mit anderen Worten: Ihr Hovawart wird müde und glücklich in sein Bettchen fallen.

Denken Sie sich also Spielchen aus, die Körper und Geist Ihres Hundes fordern und fördern. Langeweile mag Ihr Hovawart absolut nicht und sollte diese aufkommen, so wundern Sie sich nicht über die eigene Kreativität Ihres Vierbeiners. Gefallen wird sie ihnen wahrscheinlich nicht.

Versuchen Sie es mit einigen einfachen Kunststückchen und Tricks. Vielleicht ist auch ein Apportierspiel geeignet. Einem Ball jagt fast jeder Hund gerne hinterher. Lassen Sie sich den Gegenstand aber wiederbringen, sonst fühlt sich Ihr Liebling schnell von Ihnen alleingelassen. Bringen Sie sich mit in das Spiel ein und fordern Sie ihn zum Zurückkommen auf, um den Ball erneut zu werfen. Ihr Hund wird mit Freude und Eifer dabei sein, wenn Sie ihm etwas Neues beibringen möchten.

Kleiner Tipp: Sammeln Sie das Spielzeug Ihres Hundes in einer separaten „Hundespielzeugbox“. Hier findet alles Platz, was für Ihren Vierbeiner bestimmt ist. Es werden ausschließlich Spielzeuge aus dieser Box zum Spielen verwendet. Das kann Ihr Hovawart schnell lernen. Vielleicht hilft er ja auch beim Aufräumen und packt seine Sachen nach dem Spielen wieder in diese Hundespielzeugbox. Auch das ist eine gute Beschäftigung.

Vielleicht können Sie Ihren Vierbeiner auch für einige Aufgaben im Haushalt begeistern. Nun fragen Sie sich vielleicht: Was sollte mein Hund im Haushalt helfen können? Nun ... er könnte Ihnen die Zeitung oder die Hausschuhe bringen. Eine ganz großartige Beschäftigung wäre auch das Bringen von leeren Joghurtbechern. Diese dürfen selbstverständlich erst von Ihrem Hund „gewaschen" werden, um sie danach im Mülleimer zu platzieren.

Im Garten, aber bei schlechtem Wetter auch in der Wohnung, können Sie einen kleinen Hindernisparcours aufbauen. Dafür lassen sich Stühle, Kartons, Gartenliegen und vieles mehr verwenden.

Wenn Sie bemerken, dass Ihr Hovawart an einem bestimmten Spiel keinen Spaß hat, dann suchen Sie etwas anderes aus. Es bringt rein gar nichts, ein Spiel zu spielen, welches nur einseitig ist. Es muss Ihnen und Ihrem Hund Spaß und Freude bringen.

Achten Sie auch darauf, Ihren Vierbeiner nicht zu überfordern. Ja, auch beim Spielen ist dies möglich, wenn Sie zum Beispiel zu viele verschiedene Spiele hintereinander ausprobieren wollen oder die Spielphasen zu lange andauern. Die ausgewählte Beschäftigung sollte zudem auch einfach zu absolvieren sein und denken Sie auch an angemessene Pausen zwischen dem Spiel. Zu langweilig sollte die Spielstunde aber auch nicht werden. Das kann schnell passieren, wenn Sie immer wieder das gleiche Spiel spielen oder es zu einfach ist. Dann droht eine Unterforderung Ihres Hundes und somit kommt Langeweile auf, woraufhin Ihr Hund wieder seiner Kreativität freien Lauf lassen würde.

Spielen Sie also gerne täglich wechselnde Spiele oder variieren Sie sie. Einiges lässt sich sicher auch kombinieren. Alles ist erlaubt, solange Sie und Ihr Vierbeiner Spaß daran haben.

Ihre Spielstunde terminieren Sie bitte nicht sofort nach dem Fressen. Dies kann gerade für Ihren Hovawart gefährlich werden, denn es droht eine Magendrehung. Größere Hunde sind von diesem lebensgefährlichen Ereignis leider häufiger betroffen.

WEITERFÜHRENDES TRAINING

Nun ist es mit Spielen und der eigentlichen Erziehung aber nicht getan. Ihr Hund muss noch so vieles lernen. Dazu gehört zum Beispiel das „Stubenreinwerden". Ebenso ist der zuverlässige Abruf Ihres Hundes von größter Wichtigkeit und einen zerrenden Hund an der Leine möchte auch niemand haben. Die beiden letzten Übungen haben Sie und Ihr Hovawart schon gelernt, wie Sie ihn nun stubenrein bekommen, erfahren Sie jetzt.

Wie wird der Hund stubenrein?

Gleich zu Anfang sei erwähnt, dass dieses Vorhaben nicht von heute auf morgen geht. Nehmen Sie sich viel Zeit und noch mehr Geduld. Ein Welpe macht nicht absichtlich in die Wohnung, er kann einfach seine Schließmuskeln noch nicht kontrollieren. Deshalb schimpfen Sie niemals mit dem Kleinen, damit machen Sie alles nur schlimmer.

Beseitigen Sie das „Malheur" kommentarlos. Aber vorher gehen Sie mit dem Welpen nach draußen in die vorgesehene „Toilettenecke". Loben Sie ihn ausgiebig, wenn er hier noch einmal pieselt.

Halten Sie sich vor Augen, dass ein Hund immer versucht, sein Zuhause sauber zu halten. Das lernt er schon bei seiner Mutter. Niemals würde er dort sein Geschäft verrichten, wo geschlafen wird; dafür gibt es meist eine bestimmte Ecke.

Diese hat er in Ihrer Wohnung aber nicht. Mit seinen vielleicht acht bis neun Wochen ist ihm die Kontrolle über seine Blase noch nicht gegeben und wenn es drückt, dann läuft es auch. Hat der Welpe ein Alter von etwa 14 Wochen erreicht, werden ihm auch sein Darm und seine Blase mehr und mehr „gehorchen". Erst dann können Sie von einer Stubenreinheit ausgehen.

Nun liegt es an Ihnen, den Kleinen in regelmäßigen Abständen nach draußen zu bringen, damit er sich lösen kann. Dies sollte während der ersten Wochen ca. alle zwei Stunden geschehen, auch nachts. Mit der Zeit können Sie die Zeitintervalle vergrößern, denn je älter der Welpe wird, desto länger kann er aushalten.

Sorgen Sie dafür, dass keine Ablenkungen von außen den Welpen beim Erleichtern stören. In diesem jungen Alter ist alles sehr interessant und das Pipimachen kann dann schon mal in Vergessenheit geraten. Ganz wichtig ist das Loben danach. Dann weiß der Kleine, dass er alles richtig gemacht hat, und er wird immer wieder so handeln.

Dennoch könnte Ihr Welpe auch eigenständige Signale aussenden, wenn er mal „muss". Dies könnte sich derart äußern, dass Ihr Welpe ständig im Kreis läuft. Einige Hunde fangen auch an, aufgeregt und hektisch in den Wohnungsecken zu schnüffeln, weil nach einem geeigneten Platz zum Lösen gesucht wird. Vielleicht sucht Ihr kleiner Hund aber auch ganz oft den Blickkontakt zu Ihnen, um Ihnen mitzuteilen: „Hey Mensch, ich müsste mal nach draußen." Wenn er dann noch in Richtung Ihrer Haustür läuft, sollte sein Anliegen eindeutig sein.

Wenn Sie Ihren neuen Freund während der ersten Wochen ganz genau beobachten, werden Sie sein Verhalten schnell deuten können. Warten Sie aber nicht ab, bis Ihr Hund Ihnen „Bescheid" sagt, sondern lassen Sie von Anfang an auch eine Routine entstehen. Neben dem zweistündlichen Aufenthalt draußen sollten Sie generell immer nach dem Schlafen, nach dem Essen und nach dem Spielen auf die „Hundetoilette" gehen.

Für die Nächte eignet sich eine Hundebox. Sie haben schon erfahren, dass Hunde ihren Schlafplatz in der Regel sauber halten. Er würde also hier nicht sein Geschäft verrichten und sich deshalb in irgendeiner Weise bemerkbar machen, wenn die Blase drückt. Eine solche Box sollte dann natürlich gerne neben Ihrem Bett stehen, damit Sie Ihren Welpen in diesem Fall auch hören.

Sie können den Kleinen schnell an diesen Schlafplatz gewöhnen. Mit Leckerlis sollte es nicht schwer werden, eine positive Verknüpfung zu diesem „Käfig" herzustellen. Wahrscheinlich freut er sich auch über diesen besonderen Rückzugsort und wird dann gerne darin schlafen.

ERZIEHUNGSPROBLEME

Vielleicht kommen Sie an einen Punkt, wo Sie einfach nicht mehr weiterwissen. Einige Problemchen können Sie mit Ihrem Hund so trainieren, dass sie nicht wieder auftreten. Sollten Sie jedoch absolut nicht weiterkommen, so suchen Sie sich Rat und Hilfe in einer guten Hundeschule.

Rüpelhaftes Benehmen

Jeder Hund wird einmal in die Phase kommen, seine Grenzen auszutesten, sei es bei seinen Menschen, aber auch bei seinen Artgenossen. Herauskommen kann ein äußerst rüpelhaftes Benehmen. Das möchte natürlich niemand, weder Sie noch andere Hundehalter und schon gar nicht die Artgenossen selbst.

Meist ist die sogenannte pubertäre Phase daran schuld. Sie kennen es sicher von Ihren Kindern, falls diese schon dieses Alter erreicht haben. Hier wird gemotzt, geschludert, sich danebenbenommen und das, was die „Alten" sagen, stimmt ja schon mal gar nicht.

Auch Ihr Vierbeiner wird diese Phase durchlaufen. Vielleicht haben Sie Glück und sie geht mehr oder weniger unbemerkt an Ihnen vorbei. Bei größeren Hunderassen, wie Ihrem Hovawart, beginnt die Pubertät mit etwa neun Monaten. Aus Ihrem „Vorzeigehund" wird plötzlich ein großer Rüpel, der vor nichts und niemandem mehr Respekt zeigt.

Dieses Verhalten zeigt Ihr Vierbeiner nicht mit Absicht, um Sie zu ärgern. Es sind vielmehr die Hormone, die dafür sorgen, dass er sich so benimmt. Mit einem Mal stolziert er mit „geschwollener Brust" daher und ist sehr launig. Trifft er nun auf seine Artgenossen, kann dieses Verhalten noch deutlich stärker gezeigt werden.

Im Prinzip zeigt Ihr Hund aber ein normales Verhalten. Sie müssen allerdings dafür sorgen, dass es nicht zur Gewohnheit wird. Denn alles, was er sich jetzt aneignet, wird er auch später, wenn er älter ist, beibehalten.

Vor allem aber kann es auch gefährlich werden, denn nicht jeder fremde Hund akzeptiert ein solches Verhalten. Es kann also durchaus zu einem heftigen Streit kommen.

Es wäre nun aber kontraproduktiv, Ihrem Hund keine Spielstunden mit den Artgenossen mehr zu gönnen. Der soziale Kontakt ist für seine Entwicklung sehr wichtig, auch, wenn er sich gerade im Flegelalter befindet.

Versuchen Sie, herauszufinden, mit welchen Hunden ein eher „sanftes" Spiel gespielt wird, und lassen Sie Ihren Vierbeiner auch nur mit diesen spielen. So kann er sein „Rüpelleben" nicht verinnerlichen.

Lassen Sie Ihren Hovawart aber niemals unbeaufsichtigt. Im Gegenteil schauen Sie immer, wie er sich gerade verhält. Spielt er lieb mit dem anderen Hund, bestärken Sie ihn mit Ihrer liebevollen Stimme.

Sollte die Stimmung jedoch umschlagen, rufen Sie ihn ab, damit er sich wieder beruhigen kann. Es könnte hilfreich sein, den Hundespielplatz kurz zu verlassen, damit Ihr Vierbeiner sich mit anderen Dingen beschäftigen kann und so abgelenkt wird. Danach lassen Sie ihn wieder zum Spielen. Wiederholt sich das rüpelhafte Verhalten, brechen Sie die Spielstunde ab. Damit zeigen Sie Ihrem Hund, dass hier Schluss ist. Wenn er zu wild spielt, wird gar nicht mehr gespielt. Nur ein nettes Spiel ist erfolgreich, weil es mit Weiterspielen belohnt wird. Mit der Zeit wird sich Ihr Hovawart dies einprägen und wieder „lieb" werden.

Sollte Sie anhaltende Probleme mit Ihrem Vierbeiner haben, suchen Sie sich Hilfe in einer guten Hundeschule, denn ein solches Fehlverhalten darf sich nicht verfestigen.

Vielleicht haben Sie aber auch einen kleinen Hunderüpel an der Leine? Dies hat meist die Ursache, dass Ihr Hund Ihnen nicht zutraut, die Führungsrolle beizubehalten. Hier haben Sie eine Menge an Vertrauen eingebüßt. Wie konnte das passieren? Gehen Sie Ihre Spaziergangewohnheiten einmal im Kopf durch. Lassen Sie Ihren Vierbeiner immer nur an der Leine gehen? Um ihm jedoch ein wenig „Auslauf" zu gönnen, darf er weit vor Ihnen gehen? Sollte er Ihnen vor die

Füße laufen, gehen Sie artig beiseite? Beim Entgegenkommen anderer Hunde nehmen Sie die Leine kürzer?

Dies alles sind Anzeichen, dass Sie überhaupt kein Vertrauen zu Ihrem Hund haben, weil Sie nicht wissen, wie er reagieren wird. Dies spürt er genau, deshalb wird Ihr Verhalten mit Bellen und Zerren an der Leine quittiert. Solche Spaziergänge sind natürlich nicht entspannend, sondern zerren an Ihren Nerven. An denen Ihres Hundes übrigens ebenso. Dies muss umgehend geändert werden.

Als Erstes üben Sie mit Ihrem Vierbeiner ein anständiges „Bei Fuß“. Das erste Training findet in Ihrem Garten in reizarmer Umgebung statt. Wie genau Sie diese Übung angehen, haben Sie schon in einem vorherigen Kapitel gelesen. Achten Sie nun darauf, dass sich Ihr Hund mit seinen Pfoten immer ein kleines Stück hinter Ihren Füßen befindet. Sie sind der Rudelführer und bestimmen, wo es langgeht. Ihr Hund hat sich deshalb ein paar Zentimeter hinter Ihnen aufzuhalten.

Kommt Ihnen nun „draußen“ ein anderer Hund entgegen, achten Sie besonders darauf, wo Ihr Vierbeiner läuft. Gegebenenfalls lassen Sie ihn die Seite wechseln, damit Sie immer zwischen Ihrem Hund und dem gleich stattfindenden Ereignis sind. Das Wechseln der Seite findet immer hinter Ihnen statt, damit Sie nicht über Ihren Vierbeiner stolpern.

Anfangs können Sie auch gerne die Straßenseite wechseln. Behalten Sie Ihre Aufmerksamkeit immer bei Ihrem Hovawart und schauen Sie nicht auf den fremden Hund. Diese Übung wenden Sie auch bei vorbeikommenden Personen, Joggern, Fahrradfahrern oder sonstigen Ereignissen an, wo immer es Ihnen nötig erscheint.

Wenn Sie diesen Handwechsel konsequent durchführen, werden Sie schnell zum Erfolg kommen. Sie werden in Windeseile das Vertrauen Ihres Hundes wiedererlangen, denn Sie sind in der Lage, ihn zu beschützen und vor Schaden zu bewahren.

Bestes Beispiel, um es sich bildlich vorzustellen: Unser Parlament – der Kanzler geht vorweg, alle anderen folgen, aber niemand würde an ihm vorbeigehen.

Hilfe – Der Hund macht alles kaputt

Waren Sie schon einmal in der Situation, dass Ihr Vierbeiner Ihre Wohnung in Schutt und Asche gelegt hat, während Sie unterwegs waren? Das ist natürlich sehr ärgerlich, vom finanziellen Schaden mal ganz abgesehen. Was machen, wenn dies kein einmaliger Ausrutscher war? Was geht in dem armen Hund vor, dass er solch ein Verhalten an den Tag legt? Liegt es am Tier oder an Ihnen? Was könnten Sie falsch gemacht haben? Fragen über Fragen, die nach einer Antwort verlangen.

Als Erstes sollten Sie versuchen, die Fassung zu behalten, auch wenn es schwerfällt und Sie Ihrem Hund am liebsten den Hals umdrehen würden. Geben Sie es ruhig zu, dieser Gedanke ist Ihnen sicher gekommen. Bringen tut es aber nichts ... weder Ihnen noch Ihrem Hund.

Also ... erst einmal tief ein- und ausatmen. Am besten reagieren Sie sich beide bei einem ausgiebigen Spaziergang ab. Dabei haben Sie viel Zeit, über das große „Warum?“ nachzudenken. Damit nicht noch mehr kostbare Dinge kaputt gemacht werden, räumen Sie zuerst alles weg, was Ihrem Hund vor die Nase kommen könnte.

Machen Sie sich Gedanken darüber, wann es passiert. Vielleicht immer dann, wenn Sie nicht zu Hause sind? Geschieht es dann sofort, sobald Sie das Haus verlassen, oder auch erst zu einem späteren Zeitpunkt?

Hier könnte eine Trennungsangst zugrunde liegen. Ihr Hund hat kein Vertrauen zu Ihnen und befürchtet, dass Sie nicht wiederkommen werden. Dies löst einen ungeheuren Stress in ihm aus und um diesen abzubauen, vergreift er sich an Ihren Habseligkeiten. Üben Sie mit ihm das Alleinbleiben, erst mit sehr kurzen Abständen, die Sie mit der Zeit immer mehr verlängern. Zeigen Sie Ihrem Vierbeiner, dass Sie ihn niemals im Stich lassen würden, er muss wieder Vertrauen zu Ihnen bekommen.

Manchmal herrscht aber auch einfach nur gähnende Langeweile. Ihr Hund hat nichts zu tun, ist unterfordert und sucht sich deshalb selbst eine Aufgabe. Sollte dies der Grund für die Zerstörungswut Ihres Vierbeiners sein, sorgen Sie für mehr Abwechslung und Beschäftigung in seinem Leben.

Denken Sie sich interessante Spiele aus, die Geist und Körper fordern. Vor allem kurz bevor Sie gehen müssen, spielen Sie ausgiebig mit Ihrem Hovawart. So wird er müde und zufrieden Ihre Abwesenheit verschlafen.

Ist Ihr Hovawart noch ein Welpe? Dann könnte er sich im Zahnwechsel befinden und zerbeißt deshalb Ihre Wohnungseinrichtung. Das Bedürfnis, an Dingen herumzukauen, ist ab dem vierten Lebensmonat besonders ausgeprägt. Besorgen Sie Ihrem Hund geeignete Kauartikel, die er nach Herzenslust bearbeiten kann. So bleiben Ihre Sachen verschont und Ihrem Welpen helfen Sie damit durch den Zahnwechsel.

Auch die schon erwähnte Pubertät könnte der Grund dafür sein, dass sich Ihr Vierbeiner an Ihrer Einrichtung zu schaffen macht. Dies geschieht meist im Alter zwischen sechs und zwölf Monaten. Die Hormone spielen verrückt und das Gehirn wird mit neuen Nervenzellen versorgt. Da gerät schon einiges im Hundekörper durcheinander und das Tier versucht, seine Grenzen neu zu stecken. Wie weit kann Ihr Hovawart bei Ihnen gehen, bis Ihnen der Geduldsfaden reißt? Dieser sollte übrigens niemals reißen, haben Sie Geduld und bleiben Sie ruhig. Dennoch weisen Sie Ihren Hund in seine Grenzen, aber niemals mit Gewalt. Ist die Pubertätsphase erst einmal überwunden, verschwindet dieses Problem von ganz allein.

Hilft überhaupt gar keine Maßnahme gegen die Zerstörungswut Ihres Hundes, suchen Sie sich professionelle Hilfe. Ein kompetenter Hundetrainer oder gar ein Tierpsychologe hat sehr große Erfahrungen auf diesem Gebiet und kann Sie sicher bei der Lösungsfindung unterstützen.

Vertrauen und Bindung

Eine starke Bindung und ein tiefes Vertrauen zueinander sind die Schlüsselworte für ein harmonisches Zusammenleben. Haben Sie beides bei Ihrem Hund erreicht und umgekehrt genauso, steht dem nichts mehr im Weg. Aber wie bekommen Sie nun eine solche Bindung zu Ihrem Vierbeiner und wie entsteht ein so tiefes Vertrauen zueinander, dass Sie sich gegenseitig Ihr Leben anvertrauen würden?

Diese Eigenschaften sind nicht automatisch vorhanden, Sie müssen sich die Liebe, das Vertrauen und somit die starke Bindung zu Ihrem Hund erarbeiten. Haben Sie dies bewältigt, wird Ihr Vierbeiner Sie bedingungslos lieben und auf Sie fixiert sein. Dennoch müssen Sie immer wieder daran arbeiten, damit es auch so bleibt.

Dabei ist es in erster Linie wichtig, dass Sie ihm ein artgerechtes Leben ermöglichen. Dies ist natürlich rasseabhängig, denn jeder Hund hat seine eigenen Bedürfnisse. Diese müssen Sie befriedigen können. Weiterhin sollten Sie sich sehr viel Wissen über Hunde allgemein, aber besonders über Ihren eigenen Hund aneignen. Lernen Sie Ihren Vierbeiner kennen, damit Sie wissen, wie er „tickt“, und somit seine Verhaltensweisen verstehen lernen. Dies alles braucht sehr viel Zeit und ist nicht von heute auf morgen erledigt.

Spielen Sie viel und ausgiebig mit Ihrem Hovawart. Bieten Sie ihm solche Spiele an, die ihm besonders viel Spaß machen. Die gemeinsam verbrachte Zeit sorgt für eine gute Bindung zueinander und schweißt Sie beide als Team zusammen. Macht Ihr Vierbeiner keine solchen positiven Erfahrungen mit Ihnen, könnte er schnell feststellen, dass er ohne Sie viel mehr Spaß haben kann. Es ist vorprogrammiert, dass er dann bald seine eigenen Wege geht.

Ihr Hund braucht verständliche Regeln und Grenzen. Wenn Sie mit ihm kommunizieren, sollte Ihre Körpersprache dasselbe aussagen, also zu Ihrem Tonfall passen. Ebenso sorgt ein routinierter Tagesablauf für die Sicherheit und Geborgenheit Ihres Hundes. Ihr Vierbeiner kann sich daran orientieren und fühlt sich wohl. Er wird mit der Zeit ein großes Vertrauensverhältnis zu Ihnen aufbauen.

Bleiben Sie immer respektvoll im Umgang mit Ihrem Hund und zeigen Sie Achtung. Seien Sie liebevoll mit ihm, er wird Sie ebenso liebevoll behandeln. Bei all Ihren Bemühungen vergessen Sie aber nicht, dass Ihr Vierbeiner auch sehr viel Ruhe braucht. Diese dürfen Sie ihm nicht verwehren.

Wie schon erwähnt, müssen Sie Ihren Hund verstehen lernen. Die Hundesprache ist nicht immer verständlich für den Menschen. Ihr Vierbeiner teilt Ihnen sehr viel über sein Verhalten und seine Körpersprache mit. Wissen Sie immer genau, was Ihr Hund Ihnen sagen will? Beschäftigen Sie sich so viel wie nur möglich mit ihm. Spielen, gemeinsames Training und Spaziergänge sind gut geeignet, um „Hundisch" zu lernen und zu verstehen. Dann wird es auch keine Missverständnisse geben, die einem Vertrauensverhältnis hinderlich wären.

Das Vertrauen Ihres Hundes erlangen Sie vor allem damit, dass Sie in der Lage sind, ihn zu beschützen. Dies könnten Sie in für den Hund stressigen Situationen unter Beweis stellen. Eröffnet sich eine solche während eines Spazierganges, so stellen Sie sich zum Beispiel schützend vor Ihren Liebling und verlassen diesen stressigen Ort so schnell wie möglich. Ihr Hund wird spüren, dass Sie ihn vor Schaden bewahrt haben, und sich sicher bei Ihnen fühlen.

Wenn Sie diese Ratschläge beherzigen und anwenden, werden Sie einen Hund an Ihrer Seite haben, der Sie innig liebt, Ihnen großes Vertrauen schenkt und eine starke Bindung zu Ihnen hat.

Schlusswort

Nun sind Sie am Ende dieses Ratgebers angekommen und haben hoffentlich das Wissen erhalten, welches Sie sich erhofft haben.

Sie haben die Rasse des Hovawarts kennen gelernt und wissen, wie Sie einen solchen Hund halten und ernähren müssen. Sie sind in seine Geschichte eingetaucht und haben Kenntnis über seine Herkunft erlangt.

In Gesundheitsfragen macht Ihnen niemand mehr etwas vor und Ihre Spiel- und Beschäftigungsfantasie ist erweckt worden, so dass es niemals Langeweile geben wird.

Nun müssen Sie nur noch den „richtigen" Züchter ausfindig machen und der Traum vom Hovawart wird Ihnen erfüllt.

Quellen

Ohne Autorenangabe (2022). Hovawart. In: Hovawart » VDH Rasselexikon 2022

Ohne Autorenangabe (2022). Über den VDH. In: Wir über uns » VDH.de

Ohne Autorenangabe (2021). Ein Welpe zieht ein – Erster Tag: Dein Hundewelpen Ratgeber. In: Ein Welpe zieht ein – Erster Tag: Dein Hundewelpen Ratgeber – AniForte

Ohne Autorenangabe (2022). Der Vergleich – Trockenfutter versus Nassfutter für den Hund. In: Der Vergleich – Trockenfutter versus Nassfutter für den Hund (fressnapf.de)

Ohne Autorenangabe (2020). Was ist BARF? In: Was ist BARF? Alles über Rohfütterung von Hunden | ZooRoyal Magazin

Ohne Autorenangabe (ohne Zeitangabe). Was dürfen Hunde nicht essen? In: Was dürfen Hunde nicht essen? | PURINA

Ohne Autorenangabe (2022). Hovawart – aufmerksamer Wächter mit tierisch viel Familiensinn. In: Hovawart: Charakter, Haltung und Pflege (fressnapf.de)

Claudia Kaiser (2020). Hovawart Pflege. In: 34 (d-nb.info)

Ohne Autorenangabe (2022). Hat mein Hund Flöhe? So erkennen Sie einen Befall – und bekämpfen ihn. In: Flöhe beim Hund bekämpfen: Tipps gegen die Parasiten | STERN.de

Ohne Autorenangabe (2022). Zeckenbiss beim Hund – so schützt du deinen Liebling. In: Zecken bei Hunden: Infos & Tipps (fressnapf.de)

Ohne Autorenangabe (ohne Zeitangabe). Milben beim Hund. In: Alles über Milben beim Hund – Happy Dog

Ohne Autorenangabe (2002 – 2022). Durchfall beim Hund – das hilft: die 7 besten Tipps. In: Hund hat Durchfall: die 7 besten Tipps für schnelle Hilfe! |VS. (vergleichen-und-sparen.de)

Ohne Autorenangabe (2022). Hilfe, mein Hund erbricht! Mögliche Ursachen und Behandlungswege. In: Hund erbricht ➤ Die häufigsten Ursachen & Behandlungswege (green-petfood.de)

Ohne Autorenangabe (2022). Anzeichen für eine Vergiftung beim Hund. In: Anzeichen für eine Vergiftung beim Hund – Helvetia | Helvetia

Ohne Autorenangabe (2022). Hovawart. In: Hovawart (bellfor.info)

Ohne Autorenangabe (2022). Hüftdysplasie beim Hund. In: Hüftdysplasie beim Hund - was hilft bei HD? (vetevo.de)

Ohne Autorenangabe (ohne Zeitangabe). Schilddrüsenunterfunktion Hund. In: Hypothyreose Hund I Das sollten Sie wissen | AniCura Deutschland

Ohne Autorenangabe (2022). Impfungen für Hunde: das müssen Sie als Hundehalter wissen. In: Hunde Impfungen ➤ Diese wichtigen Fakten müssen Sie Hundehalter wissen (petplan.de)

Ohne Autorenangabe (2021). Impfempfehlung für Hunde. In: Impfempfehlung Hund (tieraerzteverband.de)

Kinga Rybińska (ohne Zeitangabe). Impfungen beim Hund – wie können Sie Ihren Vierbeiner sinnvoll vor schwerwiegenden Erkrankungen schützen? In: Impfungen beim Hund ➔ Was müssen Sie beachten? (josera.de)

Ohne Autorenangabe (2022). Sterilisation beim Hund. In: Sterilisation beim Hund – Vorteile und Nachteile | Allianz

Ohne Autorenangabe (2022). Kastration beim Hund. In: Kastration beim Hund – Vorteile und Nachteile | Allianz

Ohne Autorenangabe (ohne Zeitangabe). Information zu Kastrationen. In: Tierarztpraxis Falk - Infos zum Thema Kastration (tierarztpraxis-falk.com)

Ohne Autorenangabe (2022). Hundeapotheke & Erste-Hilfe-Set für deinen Hund. In: Hundeapotheke: Erste Hilfe Hunde (fressnapf.de)

Sabrina Quente (2022). Hovawart. In: Hovawart: Aussehen & Charakter | zooplus Magazin

Ohne Autorenangabe (ohne Zeitangabe). Gebrauchshunderassen: Welche gibt es und wo liegen die Unterschiede. In: Gebrauchshunderassen: Welche gibt es und wo liegen die Unterschiede? (hundebibel.de)

Jesse (Ohne Zeitangabe). 10 eindrucksvolle Herdenschutzhunde Rassen. In: 10 Eindrucksvolle Herdenschutzhunde Rassen (Mit Bildern) (happyhunde.de)

Ohne Autorenangabe (ohne Zeitangabe). Deutsche Jagdhunde. In: Deutsche Jagdhunde - Rassen und Einsatzbereiche » futalis.de

Ohne Autorenangabe (2022). Die 10 besten Wachhunde: Diese Hunderassen eignen sich besonders gut. In: Die 10 besten Wachhunde: Diese Hunderassen eignen sich besonders gut – Pfotengut

Helmut Rosche (ohne Zeitangabe). Ursprung & Geschichte des Hovawart. In: Ursprung & Geschichte – Rassezuchtverein für Hovawart-Hunde e.V.

Caro Schulz-Osterloh (2019). Hovawart Rasseportrait: Der treue Wächter. In: Hovawart Rasseportrait: Charakter und Haltung des treuen Wächters (schlappohr.de)

Ohne Autorenangabe (ohne Zeitangabe). Tipps für die Hundeerziehung im Alltag. In: Hundeerziehung im Alltag | Tipps & Tricks | BELCANDO®

Ohne Autorenangabe (2021). Die 8 wichtigsten Grundkommandos für den Hund. In: Kommando für den Hund: Die 8 wichtigsten Grund-Kommandos | herz-fuer-tiere.de

Ulrike Seumel (ohne Zeitangabe). 6 Gründe, warum du positive Verstärkung im Training einsetzen musst. In: 6 Gründe, warum du positive Verstärkung im Training einsetzen musst (dogitright.de)

Ohne Autorenangabe (2021). Positives Hundetraining. In: Positives Hundetraining - VIER PFOTEN Stiftung für Tierschutz in Deutschland (vier-pfoten.de)

Ohne Autorenangabe (2022). Hund richtig sozialisieren. In: Hund richtig sozialisieren: So klappt's in jedem Alter (mein-haustier.de)

Ursula Schneider (ohne Zeitangabe). Mit Hunden richtig spielen. In: richtig spielen Beschäftigung Spiele Beutemotivation Zerrspiele Junghunde Welpen Hunden Hovawart (hovawart-info.de)

Ohne Autorenangabe (2019). Den Hund stubenrein bekommen: Tipps und Tricks. In: Hund stubenrein bekommen: Tipps & Tricks – Uelzener

Ohne Autorenangabe (2022). Notfall Magendrehung. In: Notfall Magendrehung - Tierklinik Ismaning (tierklinik-ismaning.de)

Ivonne Adler (2022). Pubertärer Hunderüpel: - Wie übe ich sanftes Spielen? In: Pubertärer Hunde-Rüpel: - Wie übe ich sanftes Spielen? (wuff.eu)

Inge Büttner-Vogt (1997-2021). Mein Hund ist ein Leinen-Rüpel – Tipps vom Profi! In: "Mein Hund ist ein Leinen-Rüpel" — Tipps vom Profi! (zza-online.de)

Ohne Autorenangabe (1999-2022). Hund zerstört alles – Was tun bei Zerstörungswut beim Hund? In: Hund zerstört alles - Was tun bei Zerstörungswut beim Hund? - edogs

Ohne Autorenangabe (ohne Zeitangabe). 6 Tipps, mit denen Sie die Bindung zu Ihrem Hund stärken. In: 6 Tipps, mit denen Sie die Bindung zu Ihrem Hund stärken | herz-fuer-tiere.de

Ohne Autorenangabe (ohne Zeitangabe). Der Lebershunt (portosystemischer Shunt) bei Hund und Katze. In: Der Lebershunt (portosystemischer Shunt) bei Hund und Katze — Chirurgie (uni-giessen.de)

Ohne Autorenangabe (2022). Leberhunts. In: Lebershunts – Kurzschluss zwischen Darm und Herz (tierklinik-ismaning.de)

ÜBER DIESE REIHE: MEIN HUND FÜRS LEBEN

Dies ist der neuste Band einer Reihe von kompakten, lebensnahen Ratgebern zum Thema Hundeerziehung. Die einzelnen Rassen werden von Autoren vorgestellt, die sich durch langjährige Erfahrung und durch Liebe zum Hund auszeichnen. Wir wünschen Ihnen viele schöne und entspannte Jahre mit Ihrem Vierbeiner!

Über eine positive Bewertung würden wir uns freuen!

GERMAN DOGS

DOBERMANN
Dobermann Pinscher
BAVARIAN MOUNTAIN HOUND
POMERANIAN
MINIATURE SCHNAUZER
GERMAN LONGHAIRED POINTER
HOVAWART
Hovie
WESTPHALIAN DACHSBRACKE
Westphalian Hound
LARGE MUNSTERLANDER
ELO DOG
AFFENPINSCHER
Affe, Monkey Dog
OLD GERMAN SHEPHERD DOG
LANDSEER

Mein Hund fürs Lebens Ratgeber präsentiert
SO TRAINIERST DU DEINEN HUND
EIN ZIEL NACH DEM ANDEREN
Gib deinem Hund Zeit sich zu fokussieren
KLAR KOMMU-NIZIEREN
Verwende klare Hinweise und Gesten
BELOHNE RICHTIG
Motiviere deinen Hund mit Snacks & Leckerlis
ÜBE REGELMÄSSIG
Wiederholung ist wichtig
MACH ES JEDEN TAG
Gib dem Hund Zeit für Ruhe

DAS WELPENPROJEKT
So kümmern Sie sich um Ihren neuen Hund
1
BEQUEMES HUNDEKÖRBCHEN BESORGEN
Ihr vierbeiniger Freund braucht ein weiches und bequemes Bett zum schlafen.
2
STELLEN SIE LECKERES HUNDEFUTTER BEREIT
Kaufen Sie qualitativ hochwertiges Hundefutter in Ihrem Tierladen vor Ort und lesen Sie die Anweisungen auf der Verpackung.
3
GEHEN SIE MIT IHREM HUND SPAZIEREN
Gehen Sie mit Ihrem Vierbeiner in den Park oder erkunden Sie gemeinsam Ihre Nachbarschaft.
4
GEBEN SIE IHREM HUND EIN PAAR LECKERCHEN
Ihr Hund hat sich ein Leckerchen verdient, insbesondere dann, wenn er gehorcht.
5
REGELMÄSSIGE TIERARZTBESUCHE
Stellen Sie sicher, dass Ihr Fellfreund stets gesund und munter ist.

TIPPS FÜR DIE HAUSTIERPFLEGE
So wirst du ein besserer Besitzer
Gib Futter und Wasser.
7:00 Uhr
Lass das Tier aus dem Haus, um sein Geschäft zu verrichten.
7:30 Uhr
Lass das Tier ein Nickerchen machen.
10:00 Uhr
Geh mit ihm spazieren.
16:00 Uhr
Gib ihm Abendessen.
18:00 Uhr
MEIN HUND FÜRS LEBEN RATGEBER

Der Hovawart

Ein Gebrauchshund mit viel Liebe

M. Mittelstädt, Sherif Khimshiashvili Street N 47 A, Batumi 6010, Georgia

Herstellung und Verlag: BoD - Books on Demand, Norderstedt

ISBN: 9783756839179